职业技能等级认定指导

保育员

（初级）

人力资源社会保障部教材办公室　组织编写

中国劳动社会保障出版社

图书在版编目（CIP）数据

保育员：初级/人力资源社会保障部教材办公室组织编写. -- 北京：中国劳动社会保障出版社，2024

职业技能等级认定指导

ISBN 978-7-5167-6229-5

Ⅰ.①保…　Ⅱ.①人…　Ⅲ.①幼教人员-职业技能-鉴定-自学参考资料　Ⅳ.①G615

中国国家版本馆 CIP 数据核字（2023）第 252380 号

中国劳动社会保障出版社出版发行

（北京市惠新东街 1 号　邮政编码：100029）

*

北京谊兴印刷有限公司印刷装订　新华书店经销

787 毫米×1092 毫米　16 开本　9.75 印张　190 千字

2024 年 2 月第 1 版　　2024 年 2 月第 1 次印刷

定价：26.00 元

营销中心电话：400-606-6496

出版社网址：http://www.class.com.cn

本书编写人员

主　编　程冠三

副主编　李　幸　王　茜

编　者　严　劼　宋智惠　夏　静　张　燕

陈璐萍　阮芳萍　杨　曼　李超然

张慧层

编写说明

《职业技能等级认定指导》（以下简称《指导》）是《国家职业技能等级认定培训教程》（以下简称《教程》）的配套辅助教材，每本《教程》对应配套编写一册《指导》。《指导》共包括两部分。

第一部分：考核指南。此部分按照《教程》职业模块的顺序，对照《教程》各职业模块内容编写。每个职业模块包括五项内容：考核要点、重点复习提示、理论知识辅导练习题、参考答案及说明、技能操作辅导练习题。

——考核要点是依据国家职业标准、结合《教程》内容归纳出的考核重点，以表格形式叙述。表格由考核范围、考核要点及重要程度三部分组成。

——重点复习提示为《教程》各职业模块内容的重点提炼，使读者在全面了解《教程》内容的基础上重点掌握核心内容，达到更好地把握考核要点的目的。

——理论知识辅导练习题题型采用三种客观性命题方式，即判断题、单项选择题和多项选择题（只高级保育员分册有），题目内容、题目数量严格依据考核要点，并结合《教程》内容设置。技能操作辅导练习题按职业实际情况安排了实际操作题（模拟或模拟+口述）、笔答题。

——参考答案除答案外，对个别试题还配有简要说明。

第二部分：模拟试卷。模拟试卷包括该级别理论知识考核模拟试卷、技能操作考核模拟试卷一套，并附有参考答案。理论知识模拟试卷体现了本职业该级别大部分理论知识考核要点的内容；技能操作模拟试卷完全涵盖了技能考核范围，体现了技能考核要点的内容。

本职业《指导》共包括 4 本，即基础知识、初级、中级、高级。本书是其中的一本，适用于对初级保育员的职业技能培训和考核复习。

编写《指导》有相当的难度，是一项探索性工作。由于时间仓促，不足之处在所难免，欢迎提出宝贵意见和建议。

目　录

第一部分　考核指南

第二部分 模拟试卷

第一部分　考核指南

职业模块一　卫生管理与教育

考核要点

考核范围	理论知识考核要点	重要程度	技能考核要点	重要程度
清洁	1. 室内环境清洁对婴幼儿身心健康的影响	了解	1. 活动室清洁	熟悉
	2. 除“四害”的相关知识	掌握	2. 睡眠室清洁	掌握
	3. 病毒与细菌的相关知识	熟悉	3. 盥洗室清洁	掌握
	4. 通风知识	掌握	4. 毛巾、餐巾的清洁与消毒	掌握
			5. 水杯的清洁与消毒	熟悉
			6. 开窗通风	掌握
消毒	1. 托幼机构常用的消毒方法	掌握	1. 活动场所物品的消毒	掌握
	2. 托幼机构常用消毒剂及其使用范围	掌握	2. 抹布、拖把等用品的消毒	掌握
	3. 托幼机构常用消毒剂的使用浓度	掌握		
	4. 消毒液配制的计算公式	掌握		
物品管理	1. 清洁用品用具的管理	熟悉	1. 清洁用品用具的管理	掌握
	2. 托幼机构消毒物品的安全隐患	熟悉	2. 消毒用品用具的管理	掌握
	3. 托幼机构消毒物品保管	掌握		

重点复习提示

一、清洁

1. 室内环境清洁对婴幼儿身心健康的影响

（1）有利于婴幼儿养成良好的生活卫生习惯。

（2）可以预防传染病的发生和流行。

（3）可以保障婴幼儿身心健康。

2. 除“四害”的相关知识

（1）老鼠的防治。彻底治理环境；各功能室内不储藏食物；食堂出口、入口使用结实耐用的挡鼠栅栏，栅栏不低于 60 cm，防止老鼠进入。消灭老鼠的有效措施有物理灭鼠、生物灭鼠、生态灭鼠。

（2）苍蝇的防治。消除苍蝇滋生地，用灭蝇药剂药杀苍蝇，各活动室使用纱门、纱窗，防止苍蝇污染。

（3）蚊子的防治。消除蚊子滋生地；将灭蚊剂喷洒药杀、烟雾熏杀有机结合，有效毒杀蚊子；在活动室、睡眠室放置灭蚊灯物理灭蚊。

（4）蟑螂的防治。清除蟑螂栖息场所；采用粘蟑纸诱捕、开水烫杀、低温冻死等有效手段，进行物理防治；使用灭蟑药物，利用婴幼儿不在园时间进行化学防治。

3. 病毒与细菌的相关知识

（1）细菌与病毒的区别。细菌在人体内合适的条件下会自我繁殖使人致病，改变细菌的繁殖条件就可能杀死细菌把病治好。而病毒是非细胞微生物，只有进入宿主细胞内才能生存和复制，只要能识别病毒并能区分被感染细胞和健康细胞，把病毒和被感染细胞杀死就能把病治好。

（2）细菌性上呼吸道感染和病毒性上呼吸道感染的区别。细菌性上呼吸道感染的特点是：以散发性多见，扁桃体或咽部红肿及疼痛比较明显，常有脓痰，血常规检查白细胞总数和中性粒细胞百分数均增高。病毒性上呼吸道感染的特点是：有群发性，鼻腔症状可能比咽部症状明显，伴有腹泻或眼结膜充血，起病急骤，血常规检查白细胞总数偏低或正常，淋巴细胞百分数可较高，而中性粒细胞稍低等。

4. 通风知识

（1）开窗通风对婴幼儿身体健康的重要作用。满足婴幼儿对氧气的需要；保持空气新鲜，有效减少致病微生物。

（2）开窗通风的工作内容。保育员到岗后应根据天气情况，科学开窗通风。当室温与外界温度相近时，可实行全天通风；当外界温度与室内温度差别较大时，每日婴幼儿不在室内时至少通风两次，每次通风时间为 15~20 min。

（3）开窗通风注意事项。室内外温差比较大时，开窗通风应选择婴幼儿不在室内时进行；传染病流行时期，应增加通风次数；室外空气质量较差时（如雾霾、大风、沙尘暴等），应避免开窗通风。

二、消毒

1. 托幼机构常用的消毒方法

（1）煮沸消毒法，适用于餐饮用具、毛巾、餐巾、服装、床单等耐湿热物品的消毒。

（2）蒸汽消毒法，适用于餐饮用具、餐桶和菜盆等的消毒。

（3）消毒柜/机消毒法，易烤焦物品不宜放入高温型消毒柜。

（4）消毒剂消毒法

1）浸泡消毒法，适用于织物、耐湿玩具、便具、塑料制品等的消毒。

2）擦拭消毒法，适用于家具、门把手、水龙头等物体表面以及地面、墙面等的消毒。

3）喷洒消毒法，适用于室内空气、居室表面和家具表面的消毒。

（5）紫外线消毒法，包括紫外线灯消毒法、日晒消毒法。

2. 托幼机构常用消毒剂及其使用范围

（1）二溴海因，用于环境和物品表面，果蔬和餐具，储水容器、游泳池水和污水的消毒等。

（2）含氯消毒剂，如 84 消毒液、漂白粉、次氯酸钠等，用于物品表面、地面的消毒。漂白粉液用于便池、痰盂的消毒。

（3）季铵盐类消毒剂，用于环境、物品表面、皮肤黏膜、手等的消毒。

（4）过氧乙酸，用于环境、物品表面、果蔬、医疗器具等的消毒。

（5）碘伏、碘酊，用于皮肤和医疗器械的消毒。

（6）乙醇（酒精），用于皮肤和医疗器械的消毒。

（7）氯己定-醇消毒剂，用于手和皮肤、体温计的消毒等。

3. 托幼机构常用消毒剂的使用浓度

（1）二溴海因。用于预防性消毒，浓度为 250 mg/L，作用时间 10~30 min；用于传染病消毒，浓度为 500~1 000 mg/L，作用时间 30 min。

（2）含氯消毒剂。用于预防性消毒，浓度为有效氯含量 250 mg/L，作用时间 5~10 min；用于传染病消毒，浓度为有效氯含量 500 mg/L，作用时间 20~30 min。

（3）季铵盐类消毒剂。用于预防性消毒，浓度为 400~1 000 mg/L，作用时间 10~20 min；用于手和皮肤黏膜消毒，浓度为 1 000~2 000 mg/L，作用时间 1~5 min；用于传染病消毒，浓度为 1 000~2 000 mg/L，作用时间 30 min。

（4）酸性氧化电位水。有效氯浓度为 50~70 mg/L，适用于手、皮肤黏膜消毒，餐饮用具、果蔬消毒，物品表面消毒以及内腔的冲洗消毒，有杀菌速度快、安全可靠、无残留、环保等特点。

（5）过氧化物类消毒剂

1）过氧乙酸。用于预防性消毒，浓度为0.05%~0.1%，作用时间为10~20 min；用于传染病消毒，浓度为0.1%~0.2%，作用时间为30 min。

2）二氧化氯。用于管道消毒，浓度为50 mg/L，作用时间5 min；用于大型设备表面消毒，浓度为50~100 mg/L，作用时间30 min；用于直饮水消毒，浓度为0.35 mg/L。

3）高锰酸钾。用于水果、蔬菜、餐具消毒，浓度为0.01%，作用时间5 min。

4. 消毒液配制的计算公式

（1）用消毒片配制消毒液：所需消毒剂片数=拟配制消毒液浓度（mg/L）×拟配制消毒液量（L）/消毒剂有效含量（每片以mg计）。

（2）用消毒粉（或其他固体消毒剂）配制消毒液：所需消毒剂质量=拟配制消毒液浓度（mg/L）×拟配制消毒液量（L）/消毒剂有效含量（mg/g）。

（3）将浓消毒液稀释成所需浓度消毒液：所需浓消毒液量（mL）=拟配制消毒液浓度（%）×拟配制消毒液量（mL）/浓消毒剂有效含量（%）。

三、物品管理

1. 清洁用品用具的管理

（1）托幼机构清洁用品用具的安全隐患。存放不当，被婴幼儿拿到；洗洁精、洁厕净等清洁用品被婴幼儿误服；损坏或者丢失。

（2）托幼机构清洁用品用具保管。清洁用品使用完毕、工具类清洁完毕，分类放置在橱柜、容器内，整齐摆放；清点登记，经常核对；班级中最好有存放物品的仓库或保管室。

2. 托幼机构消毒物品的安全隐患

（1）消毒剂存放不当。可能会爆炸；如果被婴幼儿误服，可能会造成安全事件。

（2）消毒碗柜放置不当，被婴幼儿碰倒。

（3）紫外线消毒灯、臭氧装置正在工作时，有人员误入消毒室。

3. 托幼机构消毒物品保管

（1）消毒物品使用完毕，分类放置在橱柜、容器内，整齐摆放。

（2）进出物品要清点登记，经常核对。

（3）班级中最好有存放消毒物品的仓库或保管室。

理论知识辅导练习题

一、判断题（下列判断正确的请在括号中打“√”，错误的请在括号内打“×”）

1. 食堂出口、入口应使用不低于 80 cm 的挡鼠栅栏，防止老鼠进入。（　　）

2. 病毒性上呼吸道感染具有明显的群发性，短期内有多人发病。（　　）

3. 室内清洁的顺序是从上到下、从左到右、从里到外。（　　）

4. 在室外空气质量较差时（如雾霾、大风、沙尘暴等），也应开窗通风，减少通风时间即可。（　　）

5. 擦桌面时，一块抹布不能一抹到底，每抹一张桌子，抹布要搓洗一下。（　　）

6. 抹布、拖把不能混用，每次用完应随时清洁，清洁后分类悬挂、晾干。（　　）

7. 保温桶的内胆和外部可以用一块干净的抹布擦洗。（　　）

8. 盥洗室内的各种用具、设备在婴幼儿离园后需每天彻底清洁一次。（　　）

9. 毛巾清洁后不需要消毒。（　　）

10. 餐巾用清水洗净后，仍需要用开水烫洗。（　　）

11. 餐巾清洁后不需要消毒。（　　）

12. 餐具可以在教室洗手池里洗。（　　）

13. 消毒灯管要用酒精棉棒擦拭。（　　）

14. 便池每天随时用随时冲刷，每周五用漂白粉水浸泡后彻底清洁一次。（　　）

15. 煮沸消毒时，如果新加入物品，需要重新计时。（　　）

16. 家具等物品表面消毒后需要用生活饮用水将残留消毒剂去除。（　　）

17. 因氯气易挥发，户外大型玩具用含氯消毒剂消毒后不需要清水擦拭。（　　）

18. 含氯消毒剂用于传染病消毒时，作用时间不少于 30 min。（　　）

19. 传染病流行季节，餐桌需要用消毒液擦 1 遍。（　　）

20. 活动室和睡眠室的拖把不用分开，盥洗室的拖把需要分开。（　　）

21. 盥洗室消毒尽量使用二溴海因消毒剂，如果用含氯消毒剂，应保证有效氯浓度达到 200 mg/L。（　　）

22. 玩具、教具、图书每 2 周至少通风晾晒 1 次。（　　）

23. 如遇阴雨天气，可将书摊开放在室内紫外线消毒灯下照射 30 min 进行紫外线消毒。（　　）

24. 在确认睡眠室内无人、关闭门窗的情况下，可打开紫外线灯直接照射 30 min，以达到空气消毒的目的。（　　）

25. 消毒灯开启后，应关闭室门，人员不能出入。 （ ）

26. 两毛巾晾晒时间距应为 10 cm，不能叠放在一起。 （ ）

27. 毛巾放入消毒柜中高温消毒时间是 10 min，可以叠放。 （ ）

28. 将浓消毒液稀释成所需浓度消毒液公式：所需浓消毒液量（mL）= 拟配制消毒液浓度（%）×拟配制消毒液量（mL）/消毒剂有效含量（%）。 （ ）

29. 抹布、拖把用清水冲洗干净后应放在阳光下暴晒。 （ ）

30. 含氯消毒剂用于传染病消毒，浓度为有效氯含量 500 mg/L，作用时间 20~30 min。 （ ）

31. 清洁用品使用完毕应放入橱柜，摆放整齐。 （ ）

32. 臭氧装置正在工作时工作人员可以进入消毒房间。 （ ）

33. 用过氧乙酸等消毒剂进行喷雾消毒时，消毒人员应做好个人防护，如戴好口罩、眼镜、手套等。 （ ）

34. 幼儿餐具不得使用消毒液浸泡，以防止残余氯摄入。 （ ）

35. 用消毒剂进行空气消毒时需关闭门窗，人员应离开消毒场所，消毒完成后应先打开门窗通风，待消毒剂被驱除后人员方可进入。 （ ）

36. 过氧乙酸需贮存在阴凉的地方，贮存不当会发生爆炸。 （ ）

37. 实施 6S 管理的幼儿园活动室内应清晰划分各个区域，每一个区域都有责任人。 （ ）

38. 托幼机构卫生消毒物品管理应坚持“谁主管、谁负责”原则，做到“专人专用、保障急需、物质专用”。 （ ）

二、单项选择题（下列每题有 4 个选项，其中只有 1 个是正确的，请将其代号填写在横线空白处）

1. 环境清洁有利于婴幼儿养成良好的________习惯。

A. 生活卫生　　B. 饮食

C. 睡眠　　D. 学习

2. 改良学前教育机构周围的居住环境，让老鼠没有生存之处属于________灭鼠措施。

A. 物理灭鼠　　B. 生物灭鼠

C. 生态灭鼠　　D. 药物灭鼠

3. 细菌性上呼吸道感染者，白细胞总数和中性粒细胞百分数均________。

A. 减少　　B. 增高

C. 正常　　D. 不变

4. 托幼机构室内清洁程序中第一个程序一般是________。

A. 清扫地面　　B. 开窗通风

C. 整理床铺　　D. 擦拭墙面

5. 普通灯管________清洁一次。

A. 一个月　　B. 一周

C. 两周　　D. 不定期

6. 冬季睡眠室的通风，应在午睡前________ min 停止，避免婴幼儿进入时温度太低。

A. 15　　B. 30

C. 45　　D. 60

7. 开窗通风的时间，一般每次________ min。

A. 5　　B. 10

C. 15~20　　D. 60

8. 当外界温度与室内温度差别较大时，如冬季和夏季，每日婴幼儿不在室内时至少通风________次。

A. 1　　B. 2

C. 3　　D. 4

9. 每次餐前、餐后和每次桌面活动后均需要用________擦拭桌面。

A. 湿抹布　　B. 半干抹布

C. 干抹布　　D. 含消毒液抹布

10. 建议玩具柜的清洁频率是________。

A. 每周 1 次　　B. 每周 2 次

C. 每 2 天 1 次　　D. 每天 1 次

11. 玩具清洁后摆放的要求是________。

A. 集中放在一起　　B. 随意放在玩具柜里

C. 摆放整齐　　D. 按原位放置

12. 建议门框、门主体每周清洁一次，门把手________。

A. 每周清洁 1 次　　B. 每周清洁 2 次

C. 每 2 天清洁 1 次　　D. 每天清洁 1 次

13. 建议被罩、床单的清洁频率是________。

A. 每周 1 次　　B. 每 2 周 1 次

C. 每月 1 次　　D. 每季度 1 次

14. 消毒灯管________清洁一次。

A. 一个月　　B. 一周

C. 两周　　D. 不定期

15. 消毒灯管要用________擦拭。

A. 酒精棉棒　　B. 湿抹布

C. 半干抹布　　D. 干抹布

16. 七步洗手法中“立”指的是________。

A. 洗指缝　　B. 洗指背

C. 洗指尖　　D. 洗手腕

17. 七步洗手法中“弓”指的是________。

A. 洗指缝　　B. 洗指背

C. 洗指尖　　D. 洗手腕

18. 毛巾清洁时，需要在温水中浸泡________ min。

A. 10　　B. 20

C. 30　　D. 60

19. 餐巾清洁时，需要在温水中浸泡________ min。

A. 10　　B. 20

C. 30　　D. 60

20. 餐具清洁的第一步是________。

A. 洗涤　　B. 除渣

C. 清洗　　D. 消毒

21. 餐具在________清洗消毒。

A. 教室　　B. 厨房

C. 固定地点　　D. 消毒柜旁

22. 餐具消毒不选用________消毒。

A. 含氯消毒液　　B. 蒸汽

C. 消毒柜　　D. 煮沸

23. 冬季开窗通风至少应达到________。

A. 每半日 2 次　　B. 每半日 1 次

C. 每 3 小时 1 次　　D. 每天 1 次

24. 活动室清洁的基本步骤是________。

A. 擦拭门→擦拭窗→清洁玩具柜→擦拭桌椅→清洁地面

B. 擦拭门→擦拭窗→清洁玩具柜→擦拭桌椅→清洁地面→物品摆放→清洁抹布、拖把

C. 开窗通风→擦拭灯具→清洁墙壁→擦拭门→擦拭窗→清洁玩具柜→擦拭桌椅→清洁地面→物品摆放→清洁抹布、拖把

D. 开窗通风→擦拭灯具→清洁墙壁→擦拭门→擦拭窗→清洁地面→物品摆放

25. 清洁保温桶内胆的周边和底部时应使用________将内胆周边和底部的渣滓冲洗干净。

A. 自来水　　B. 开水

C. 清洁剂　　D. 干抹布

26. 清洁水杯的正确流程是________。

A. 清水冲洗水杯→杯口朝下放置在专用晾杯架上晾干→按婴幼儿学号或名字摆放在清洁的水杯架上

B. 专用清洁布借助洗洁精擦洗水杯内外→用清水冲洗干净→消毒柜高温消毒→按婴幼儿学号或名字摆放在清洁的水杯架上

C. 清水冲洗水杯→专用清洁布借助洗洁精擦洗水杯内外→用清水冲洗干净→杯口朝下放置在专用晾杯架上晾干→消毒柜高温消毒→按婴幼儿学号或名字摆放在清洁的水杯架上

D. 清水冲洗水杯→消毒柜高温消毒→按婴幼儿学号或名字摆放在清洁的水杯架上

27. 清洗后的水杯晾干时杯口方向应________。

A. 朝上　　B. 朝下

C. 横放　　D. 以上都是

28. 应使用漂白粉水或洁厕灵浸泡便池________ min 后再冲洗便池。

A. 5　　B. 10

C. 15　　D. 20

29. 幼儿便池、马桶的清洁程序是________。

A. 用消毒液从上到下擦拭墙面瓷砖及便器扶手→用去污粉擦净后冲洗→用洁厕剂擦拭→用消毒液消毒

B. 用去污粉擦净冲洗→用洁厕剂擦拭→用消毒液消毒

C. 用洁厕剂擦拭→用消毒液消毒

D. 用消毒液从上到下擦拭墙面瓷砖及便器扶手→用洁厕剂擦拭→用消毒液消毒

30. 蒸汽消毒时，被消毒的物品应________放置，并留有空隙。

A. 水平　　B. 垂直

C. 交叉　　D. 均匀

31. 对于物体表面消毒，紫外线灯垂直距离应在________ m 以内。

A. 0.5　　B. 1

C. 1.5　　D. 2

32. 对于物体表面消毒，紫外线灯照射时间为________ min。

A. 30~60　　B. 60~90

C. 90~120　　D. 60~120

33. 下列不属于含氯消毒剂的是________。

A. 84 消毒液　　B. 漂白粉

C. 过氧乙酸　　D. 次氯酸钠

34. 不能用二溴海因进行消毒的是________。

A. 水果蔬菜　　B. 物体表面

C. 呕吐物　　D. 皮肤

35. 厕所每天早晚各用________ mg/L 二溴海因消毒剂溶液清洗冲刷。

A. 300　　B. 400

C. 500　　D. 600

36. 对门把手进行消毒时，如果用含氯消毒液，有效氯含量为________ mg/L。

A. 400　　B. 300

C. 600　　D. 500

37. 餐具每次使用前要煮沸消毒________ min。

A. 10　　B. 15

C. 20　　D. 30

38. 毛巾悬挂时，两毛巾间距为________ cm。

A. 10　　B. 15

C. 20　　D. 30

39. 二溴海因用于预防性消毒时，浓度为________ mg/L。

A. 250　　B. 200

C. 300　　D. 400

40. 二溴海因用于传染病消毒时，浓度为________ mg/L。

A. 400~800　　B. 800~1 000

C. 500~1 000　　D. 1 000~1 500

41. 拟配 10 L 二溴海因消毒剂溶液，有效溴浓度为 250 mg/L，所用消毒片有效溴含量为每片 250 mg，需加________片消毒片。

A. 8　　B. 10

C. 12　　D. 14

42. 餐桌消毒时使用二溴海因消毒剂作用时间是________ min。

A. 5　　B. 10

C. 20　　D. 15

43. 阴雨天气图书用紫外线消毒时，消毒时间是________ min。

A. 20　　B. 30

C. 40　　D. 60

44. 盥洗室地面、厕所每天早晚各用________ mg/L 二溴海因消毒剂溶液清洗冲刷 1 遍。

A. 200　　B. 300

C. 400　　D. 500

45. 室外大型玩具消毒，如果用含氯消毒剂，应保证有效氯含量达到________ mg/L，消毒时间 20~30 min。

A. 100　　B. 300

C. 500　　D. 700

46. 玩具、教具、图书每 2 周至少通风暴晒 1 次。暴晒时不得相互叠压，暴晒时间不低于________ h。

A. 3　　B. 4

C. 5　　D. 6

47. 玩具、教具应使用 250 mg/L 二溴海因消毒剂溶液浸泡消毒，作用时间________ min。

A. 5　　B. 10

C. 15　　D. 20

48. 在确认室内无人、关闭门窗的情况下，打开悬吊式或移动式紫外线灯，直接照射室内________ min，可以达到空气消毒的目的。

A. 10　　B. 30

C. 60　　D. 120

49. 煮沸消毒时水一定要浸没餐具、水杯、炊具，水沸后开始计算时间，煮沸________ min。

A. 5　　B. 10

C. 15　　D. 30

50. 使用餐具消毒柜（消毒碗柜）消毒，作用时间是________ min。

A. 15　　B. 30

C. 60　　D. 120

51. 毛巾类织物卫生消毒使用 250 mg/L 二溴海因消毒剂溶液浸泡消毒，作用时间是________ min。

A. 5　　B. 10

C. 15　　D. 20

52. 抹布、拖把消毒应使用________ mg/L 的二溴海因消毒剂溶液。

A. 200　　B. 300

C. 400　　D. 500

53. 含氯消毒剂用于预防性消毒时浓度应为有效氯含量________ mg/L，作用时间 5～10 min。

A. 150　　B. 250

C. 350　　D. 450

54. 氯酸钠、漂白粉、84 消毒液等属于________。

A. 过氧化物类消毒剂　　B. 二溴海因

C. 含氯消毒剂　　D. 季铵盐类消毒剂

55. 下列不属于工具类的清洁用具的是________。

A. 吸尘器　　B. 垃圾桶

C. 垃圾袋　　D. 拖把

56. 消耗性清洁用品包括________。

A. 洗洁精、一次性口罩、洁厕剂　　B. 洗洁精、洁厕剂、手套

C. 水盆、毛巾、洁厕剂　　D. 洗洁精、毛巾、洁厕剂

57. 洁厕剂用后，需放置在________。

A. 盥洗室　　B. 教室外

C. 马桶旁　　D. 专用橱柜

58. 存放不当，可能发生爆炸的消毒剂是________。

A. 二溴海因　　B. 含氯消毒剂

C. 酒精　　D. 过氧乙酸

59. 6S 管理中“整顿”的内涵是________。

A. 整齐摆放物品　　B. 快速找到所需物品

C. 定期清除杂物　　D. 优化工作作风

60. 洗洁精、洗手液、肥皂、洗衣粉、洁厕剂、除锈剂、除油剂属于________。

A. 消耗性用品　　B. 工具

C. 设备　　D. 消毒物品

61. 卫生消杀物品包括________。

A. 消杀药品　　B. 防护用品

C. 消杀器械　　D. 以上都是

62. 消毒液安全管理方式是________。

A. 入柜加锁

B. 配制时戴橡皮手套

C. 在搪瓷或塑料容器内配制

D. 入柜加锁、配制时戴橡皮手套、在搪瓷或塑料容器内配制

63. 餐具使用前应从________取出。

A. 各班的餐具容器中　　B. 消毒柜中

C. 裸露的筐篮中　　D. 教室柜台中

64. 须特殊照料婴幼儿的餐具应________。

A. 专人使用　　B. 专门消毒

C. 专门存放　　D. 专人使用、专门消毒、专门存放

参考答案及说明

一、判断题

1. ×	2. √	3. √	4. ×	5. √	6. √	7. ×	8. √	9. ×	10. √
11. ×	12. ×	13. √	14. √	15. √	16. √	17. ×	18. ×	19. √	20. ×
21. ×	22. √	23. √	24. ×	25. √	26. √	27. ×	28. √	29. √	30. √
31. √	32. ×	33. √	34. √	35. √	36. √	37. √	38. √		

【说明】

1. ×　食堂出口、入口应使用结实耐用的挡鼠栅栏，栅栏不低于 60 cm，防止老鼠进入。

4. ×　如遇到雾霾、大风、沙尘暴等室外空气质量较差天气时，应避免开窗通风。

7. ×　擦拭保温桶时，内胆和外部的清洁应分别使用不同的抹布擦洗，避免交叉污染。

9. ×　擦手毛巾应每天清洗消毒，用肥皂搓洗后用清水冲洗干净，置阳光下暴晒晾干。暴晒时不得叠放，时间不少于 6 h。也可放入消毒柜中高温消毒 30 min，注意将毛巾散开，不能叠放。

11. ×　擦嘴餐巾需要每天清洗消毒，用肥皂搓洗后用清水冲洗干净，置阳光下暴晒晾干。暴晒时不得叠放，时间不少于 6 h。也可煮沸消毒 15 min，或蒸汽消毒 10 min。

12. ×　餐具的清洁程序是除渣→洗涤→清洗→消毒。餐具要求在厨房清洗、消毒，要

求有专用洗碗池。餐具不得在班级洗手池里洗。

17. × 户外大型玩具消毒时先将各部位清洗，再用 250 mg/L 二溴海因消毒剂溶液对各部位进行均匀喷洒，或用消毒抹布进行均匀擦拭，滞留 10 min，最后用清水擦拭一遍。

18. × 含氯消毒剂包括次氯酸钠、漂白粉、84 消毒液等，用于传染病消毒，浓度为有效氯含量 500 mg/L，作用时间 20~30 min。

20. × 清洁用具必须分区使用：活动室、睡眠室、卫生间的抹布、拖布分开使用，杜绝“一把拖布四处拖，一块抹布到处抹”“细菌大搬家”的清洁方式。

21. × 盥洗室尽量使用二溴海因消毒剂，如果用含氯消毒剂，应保证有效氯浓度达到 400 mg/L。

24. × 在确认睡眠室内无人、关闭门窗的情况下，打开悬吊式或移动式紫外线灯，直接照射 60 min，才能达到空气消毒的目的。

27. × 毛巾放入消毒柜中高温消毒须 30 min。注意将毛巾散开，不能叠放。

32. × 臭氧装置正在工作时对人体有一定危害，门口的显眼处要有“正在消毒请勿入内”醒目提示，以防止婴幼儿或家长误入，造成人身伤害。

二、单项选择题

1. A	2. C	3. B	4. B	5. A	6. D	7. C	8. B	9. B	10. B
11. C	12. D	13. C	14. B	15. A	16. C	17. B	18. C	19. C	20. B
21. B	22. A	23. B	24. C	25. B	26. C	27. B	28. A	29. A	30. B
31. B	32. A	33. C	34. D	35. C	36. C	37. B	38. A	39. A	40. C
41. B	42. B	43. B	44. D	45. C	46. D	47. B	48. C	49. C	50. B
51. B	52. D	53. B	54. C	55. C	56. A	57. D	58. D	59. B	60. A
61. D	62. D	63. B	64. D						

技能操作辅导练习题

【题目 1】活动室清洁

1. 考场准备

（1）本题分值：10 分。

（2）考核时间：5 min。

（3）考核形式：模拟操作+口述。

（4）设备设施准备：活动室清洁专用干抹布、半干抹布、湿抹布各 1 块，干拖把、湿拖把各 1 把，鸡毛掸子、水盆、水桶、洗涤剂、酒精、棉棒等。

2. 考核要求及其注意事项

（1）演示工作准备、口述活动室清洁要求及基本程序、演示活动室清洁的具体步骤。

（2）按考核要点要求依次进行，时间一到立即停止操作。

3. 考核目的

保育人员应掌握活动室清洁的具体步骤与方法。

4. 评分项目及标准

评分项目	考核要点	配分	评分标准
1. 演示工作准备	（1）个人准备：穿上专用工作服，戴好帽子，将头发塞到帽子里，并戴上口罩（口罩要遮住口鼻），在流动水下使用洗手液洗净双手（0.5 分） （2）物品准备：活动室清洁专用干抹布、半干抹布、湿抹布各 1 块，干拖把、湿拖把各 1 把，鸡毛掸子、水盆、水桶、洗涤剂、酒精、棉棒等（0.5 分）	1 分	错、漏一项扣 0.5 分
2. 口述清洁要求	（1）一般按照从上到下、从左到右、从里到外的顺序进行清洁（0.5 分） （2）清洁后窗明几净，墙面无尘土，地面整洁、无污物（0.5 分） （3）室内物品摆放整齐、有序（0.5 分） （4）清洁用具必须分区使用：教室、睡眠室、卫生间用的抹布、拖布分开使用与管理，杜绝“一把拖布四处拖，一块抹布到处抹”“细菌大搬家”的清洁方式（0.5 分）	2 分	错、漏一项扣 0.5 分
3. 口述基本程序	开窗通风→擦拭灯具→清洁墙壁→擦拭门→擦拭窗→清洁玩具柜→擦拭桌椅→清洁地面→物品摆放→清洁抹布、拖把	2 分	错、漏一处扣 0.5 分，扣完为止
4. 演示具体步骤	（1）开窗通风（0.5 分） （2）擦拭灯具（0.5 分） （3）清洁墙壁（0.5 分） （4）擦拭门（0.5 分） （5）擦拭窗（0.5 分） （6）清洁玩具柜（0.5 分） （7）擦拭桌椅（0.5 分） （8）清洁地面（0.5 分） （9）物品摆放（0.5 分） （10）清洁抹布、拖把（0.5 分）	5 分	错、漏一项扣 0.5 分
合计		10 分	

【题目 2】睡眠室清洁

1. 考场准备

（1）本题分值：10 分。

（2）考核时间：5 min。

（3）考核形式：模拟操作+口述。

（4）设备设施准备：睡眠室专用干抹布、半干抹布、湿抹布各 1 块，干拖把、湿拖把各 1 把，水盆、水桶、洗涤剂、刷子、酒精、棉棒等。

2. 考核要求及其注意事项

（1）演示工作准备、口述清洁要求及基本程序、演示睡眠室清洁的具体步骤。

（2）按考核要点要求依次进行，时间一到立即停止操作，操作超过 5 min 本题零分。

3. 考核目的

保育人员应掌握睡眠室清洁的具体步骤与方法。

4. 评分项目及标准

评分项目	考核要点	配分	评分标准
1. 演示工作准备	（1）个人准备：穿上专用工作服，戴好帽子，将头发塞到帽子里，并戴上口罩（口罩要遮住口鼻），在流动水下使用洗手液洗净双手（0.5 分） （2）物品准备：睡眠室专用干抹布、半干抹布、湿抹布各 1 块，干拖把、湿拖把各 1 把，水盆、水桶、洗涤剂、刷子、酒精、棉棒等（0.5 分）	1 分	错、漏一项扣 0.5 分
2. 口述清洁要求	（1）窗帘整洁，墙面无尘土，地面干净、无污物（0.5 分） （2）室内床铺整洁、摆放距离适中（0.5 分） （3）清洁用具必须分区使用：教室、睡眠室、卫生间用的抹布、拖布分开使用与管理，杜绝“一把拖布四处拖，一块抹布到处抹”“细菌大搬家”的清洁方式（0.5 分）	1.5 分	错、漏一项扣 0.5 分
3. 口述基本程序	开窗通风→清洁窗帘→擦拭灯具→清洁墙壁→擦拭门→擦拭窗→整理床铺→清洁地面→洗刷拖鞋	3 分	错、漏一处扣 0.5 分，扣完为止
4. 演示具体步骤	（1）开窗通风（0.5 分） （2）清洁窗帘（0.5 分） （3）擦拭灯具（0.5 分） （4）清洁墙壁（0.5 分） （5）擦拭门（0.5 分） （6）擦拭窗（0.5 分） （7）整理床铺（0.5 分） （8）清洁地面（0.5 分） （9）洗刷拖鞋（0.5 分）	4.5 分	错、漏一项扣 0.5 分
合计		10 分	

【题目 3】盥洗室清洁

1. 考场准备

（1）本题分值：10 分。

（2）考核时间：5 min。

（3）考核形式：模拟操作+口述。

（4）设备设施准备：清洁杯具内部和清洁水池的专用清洁布 2 块，拖把、水盆、水桶、去污粉、刷子、橡胶手套等。

2. 考核要求及其注意事项

（1）演示工作准备、口述清洁要求及基本程序、演示盥洗室清洁的具体步骤。

（2）按考核要点要求依次进行，时间一到立即停止操作，操作超过 5 min 本题零分。

3. 考核目的

保育人员应掌握盥洗室清洁的具体步骤与方法。

4. 评分项目及标准

评分项目	考核要点	配分	评分标准
1. 演示工作准备	（1）个人准备：穿上专用工作服，戴好帽子，将头发塞到帽子里，并戴上口罩（口罩要遮住口鼻），在流动水下使用洗手液洗净双手（0.5 分） （2）物品准备：清洁杯具内部和清洁水池的专用清洁布 2 块，拖把、水盆、水桶、去污粉、刷子、橡胶手套等（0.5 分）	1 分	错、漏一项扣 0.5 分
2. 口述清洁要求	（1）地面无污渍、无积水；水池整洁干净，下水管处无污物；便池及时冲洗，无尿碱、无臭味、无蚊蝇（0.5 分） （2）门窗、灯具、水杯、保温桶、水杯架等清洁干净，香皂、卫生纸摆放及时，室内无垃圾堆放（0.5 分） （3）室内各种用具、设备在婴幼儿离园后每天彻底清洁一次（0.5 分） （4）清洁用具必须分区使用：教室、睡眠室、卫生间用的抹布、拖布分开使用与管理，杜绝“一把拖布四处拖，一块抹布到处抹”“细菌大搬家”的清洁方式（0.5 分）	1 分	错、漏一项扣 0.5 分，扣完为止
3. 口述基本程序	开窗通风→擦拭灯具→清洁墙壁→擦拭门→擦拭窗→清洁保温桶→清洁水杯→清洁毛巾（干手器）→清洁水池→冲洗便池→准备香皂、卫生纸→清洁地面→处理垃圾→清洁双手	1 分	错、漏一处扣 0.5 分，扣完为止
4. 演示具体步骤	（1）开窗通风（0.5 分） （2）擦拭灯具（0.5 分） （3）清洁墙壁（0.5 分） （4）擦拭门（0.5 分） （5）擦拭窗（0.5 分） （6）清洁保温桶（0.5 分） （7）清洁水杯（0.5 分） （8）清洁毛巾（干手器）（0.5 分） （9）清洁水池（0.5 分） （10）冲洗便池（0.5 分） （11）准备香皂、卫生纸（0.5 分） （12）清洁地面（0.5 分） （13）处理垃圾（0.5 分） （14）清洁双手（七步洗手法）（0.5 分）	7 分	错、漏一项扣 0.5 分
合计		10 分	

【题目 4】毛巾、餐巾的清洁与消毒

1. 考场准备

（1）本题分值：10 分。

（2）考核时间：5 min。

（3）考核形式：模拟操作+口述。

（4）设备设施准备：毛巾、餐巾、肥皂、口罩、流动水等。

2. 考核要求及其注意事项

（1）演示工作准备，口述毛巾、餐巾清洁要求，演示具体步骤，口述注意事项。

（2）按考核要点要求依次进行，时间一到立即停止操作，操作超过 5 min 本题零分。

3. 考核目的

保育人员应掌握正确的毛巾、餐巾的清洁方法。

4. 评分项目及标准

评分项目	考核要点	配分	评分标准
1. 演示工作准备	（1）着装整洁、修剪指甲（0.5 分）、清洁双手（0.5 分） （2）具体要求：保育员穿上专用工作服，戴好帽子，将头发塞到帽子里，并戴上口罩（口罩要遮住口鼻），在流动水下使用洗手液洗净双手（1 分）	2 分	错、漏一处扣相应分值
2. 口述毛巾、餐巾清洁要求	（1）幼儿园的毛巾，要求是一人两巾（0.5 分），每天更换一次、清洗消毒一次（0.5 分） （2）基本程序：浸泡→搓洗→烫洗→消毒（1.5 分） （3）清洁后要求：毛巾、餐巾干净，无异味（0.5 分）	3 分	错、漏一项扣相应分值
3. 演示具体步骤	（1）先把毛巾、餐巾放入温水中浸泡 30 min，用肥皂搓洗后用开水烫洗，然后消毒（2 分） （2）拧干，按婴幼儿学号或名字挂放整齐（2 分）	4 分	未正确操作演示，错、漏一项扣 2 分
4. 口述注意事项	毛巾、餐巾最好使用当天清洗（0.5 分），如果当天不清洗，可放在阳光下暴晒（0.5 分）	1 分	错、漏一处扣 0.5 分
合计		10 分	

【题目 5】水杯的清洁与消毒

1. 考场准备

（1）本题分值：10 分。

（2）考核时间：5 min。

（3）考核形式：模拟操作+口述。

（4）设备设施准备：水杯、干净抹布、洗洁精、消毒液、流动水等。

2. 考核要求及其注意事项

（1）演示工作准备，口述基本程序及清洁要求，演示具体步骤，口述注意事项。

（2）按考核要点要求依次进行，时间一到立即停止操作，操作超过 5 min 本题零分。

3. 考核目的

保育人员应掌握正确的水杯清洁与消毒方法。

4. 评分项目及标准

评分项目	考核要点	配分	评分标准
1. 演示工作准备	（1）着装整洁、修剪指甲（0.5 分）、清洁双手（0.5 分） （2）具体要求：保育员穿上专用工作服，戴好帽子，将头发塞到帽子里，并戴上口罩（口罩要遮住口鼻），在流动水下使用洗手液洗净双手（1 分）	2 分	错、漏一处扣相应分值
2. 口述基本程序及清洁要求	（1）基本程序：冲洗→擦洗→冲洗→晾干→消毒→摆放→苫盖（1.5 分） （2）清洁要求：水杯干净，摆放整齐（0.5 分）	2 分	基本程序错、漏一处扣 0.5 分，扣完为止
3. 演示具体步骤	（1）用清水冲洗水杯，然后用清洁水杯的专用抹布借助洗洁精擦洗水杯内外，再用清水冲洗干净，杯口朝下放置在专用晾杯架上晾干（1 分） （2）早上到班后将前一天清洗好的水杯放入消毒柜里消毒半小时（1 分） （3）用浸消毒液的抹布将水杯箱的格子擦拭一遍（1 分） （4）将消毒过的水杯按学号或名字摆放在水杯箱中（1 分） （5）用清洁布帘将水杯箱罩起来（1 分）	5 分	错、漏一项扣 1 分
4. 口述注意事项	（1）水杯消毒后要等冷却后再放入水杯箱（0.5 分） （2）放水杯时应手抓杯把，不能用手指伸入杯内抓水杯（0.5 分）	1 分	错、漏一项扣 0.5 分
合计		10 分	

【题目 6】开窗通风

1. 考场准备

（1）本题分值：10 分。

（2）考核时间：5 min。

（3）考核形式：模拟操作+口述。

（4）设备设施准备：窗户。

2. 考核要求及其注意事项

（1）口述工作要求，口述并演示操作规范，口述注意事项。

（2）按考核要点要求依次进行，时间一到立即停止操作，操作超过 5 min 本题零分。

3. 考核目的

保育人员应掌握不同天气背景下的正确开窗通风方法。

4. 评分项目及标准

评分项目	考核要点	配分	评分标准
1. 口述工作要求	保育员到岗后应根据天气情况，科学开窗通风（2分）	2分	错、漏一处扣1分，扣完为止
2. 口述+演示操作规范	（1）开窗通风的次数要求：当室温与外界温度相近时，可实行全天通风。当外界温度与室内温度差别较大时，如冬季和夏季，婴幼儿不在室内时每日至少通风两次（2分） （2）开窗通风的时间要求：每次通风时间为15~20 min（2分） （3）传染病流行时期，应增加通风次数，延长通风时间（2分）	6分	错、漏一项扣2分
3. 口述注意事项	（1）在室内外温差比较大时，开窗通风应尽量选择婴幼儿不在室内时进行，注意循序渐进。如冬季睡眠室的通风应在午睡前一小时停止，避免婴幼儿进入时温度太低（1分） （2）在室外空气质量较差时（如雾霾、大风、沙尘暴等），应避免开窗通风（1分）	2分	错、漏一项扣1分
合计		10分	

【题目7】活动场所物品的消毒

1. 考场准备

（1）本题分值：12分。

（2）考核时间：5 min。

（3）考核形式：模拟操作+口述。

（4）设备设施准备：消毒液、毛巾架、餐桌、门把手等。

2. 考核要求及其注意事项

（1）演示工作准备，演示清洁操作步骤，演示消毒操作步骤，口述整理物品注意事项。

（2）按考核要点要求依次进行，时间一到立即停止操作，操作超过5 min本题零分。

3. 考核目的

保育人员掌握正确的餐桌、毛巾架、门把手等物体表面清洁消毒方法。

4. 评分项目及标准

评分项目	考核要点	配分	评分标准
1. 演示工作准备	（1）个人准备：保育员穿上专用工作服，戴好帽子，将头发塞到帽子里，并戴上口罩（口罩要遮住口鼻）、手套，在流动水下使用洗手液洗净双手（1分） （2）物品准备：配制好的有效氯消毒液、水盆、喷壶、清水抹布、消毒抹布等（1分）	2分	错、漏一项扣1分

续表

评分项目	考核要点	配分	评分标准
2. 演示清洁操作步骤	（1）餐桌清洁：清—消—清（1分） （2）毛巾架：表面每天用清水擦拭1遍（1分） （3）门把手：每天1次，用干净的湿抹布擦拭，再用清洁剂擦拭有油污处，最后用半干抹布擦拭（1分）	3分	错、漏一项扣1分
3. 演示消毒操作步骤	（1）餐桌消毒：使用100~250 mg/L二溴海因消毒剂溶液（1分）作用10~30 min（1分） （2）毛巾架等用含氯消毒剂溶液（有效氯浓度250 mg/L）浸泡（1分）消毒10 min（1分） （3）门把手：每天用清水擦拭2遍，传染病流行季节用清水擦1遍，再用含氯消毒剂溶液擦1遍（1分）；发生传染病时，使用250 mg/L二溴海因消毒剂溶液消毒（1分）。消毒时间10 min（1分）	6分	错、漏一处扣1分
4. 口述整理物品注意事项	消毒液应放在婴幼儿拿不到的地方并记录（1分）	1分	未正确口述注意事项扣1分
合计		12分	

【题目8】抹布、拖把等用品的消毒

1. 考场准备

（1）本题分值：10分。

（2）考核时间：5 min。

（3）考核形式：模拟操作+口述。

（4）设备设施准备：抹布、拖把、二溴海因消毒剂、口罩、帽子、手套。

2. 考核要求及其注意事项

（1）演示工作准备，演示操作步骤，口述注意事项。

（2）按考核点要求依次进行，时间一到立即停止操作，操作超过5 min本题零分。

3. 考核目的

保育人员掌握正确的抹布、拖把消毒方法。

4. 评分项目及标准

评分项目	考核要点	配分	评分标准
1. 演示工作准备	（1）个人准备：保育员穿上专用工作服，戴上口罩（口罩要遮住口鼻）、手套，在流动水下使用洗手液洗净双手（1分） （2）物品准备：配制好的有效氯消毒液等（2分）	3分	错、漏一项扣相应分值
2. 演示操作步骤	（1）先将抹布、拖把清洗干净，用500 mg/L二溴海因消毒液浸泡30 min（2分） （2）用清水冲洗干净后放在阳光下暴晒（2分）	4分	错、漏一项扣2分

续表

评分项目	考核要点	配分	评分标准
3. 口述注意事项	（1）注意将清水抹布和消毒抹布分开使用、悬挂，将活动室、睡眠室、盥洗室专用拖把分开使用、悬挂（1分） （2）建议每日卫生清洁工作结束后对抹布、拖把进行专门消毒（1分） （3）水桶等清洁工具要专用，及时刷洗，避免混用（1分）	3分	错、漏一项扣1分
合计		10分	

【题目9】清洁用品用具的管理

1. 考场准备

（1）本题分值：10分。

（2）考核时间：5 min。

（3）考核形式：口述。

（4）设备设施准备：盥洗室里的生活用品图片或实物、厕所里的物品图片或实物、睡眠室里的物品图片或实物、消毒剂图片或实物、消毒器具图片或实物。

2. 考核要求及其注意事项

（1）口述清洁消耗用品种类、清洁工具用品种类和管理要求。

（2）按考核要点要求依次进行，时间一到立即停止操作，操作超过5 min本题零分。

3. 考核目的

保育人员掌握正确的清洁用品的分类及管理要求。

4. 评分项目及标准

评分项目	考核要点	配分	评分标准
1. 口述清洁消耗用品种类	（1）洗洁精、洗手液、肥皂、洗衣粉（1分） （2）洁厕剂、除臭清洁球（1分） （3）除锈剂、除油剂、吸尘剂（1分） （4）一次性大小垃圾袋、一次性口罩、纸巾等（1分）	4分	错、漏一项扣1分
2. 口述清洁工具用品种类	（1）水桶、水盆、毛巾、扫帚、拖把（1分） （2）吸尘器、玻璃刮、鸡毛刷、钢丝球（1分） （3）洁厕刷、通厕器、垃圾筐（1分） （4）手套、胶鞋等（1分）	4分	错、漏一项扣1分
3. 口述管理要求	（1）将物品整齐摆放，洗洁精、洁厕剂等清洁用品放置在婴幼儿抓取不到的位置（1分） （2）所保管的物品必须清点登记，不得借给私人使用（1分）	2分	错、漏一项扣1分
合计		10分	

【题目 10】消毒用品用具的管理

1. 考场准备

（1）本题分值：10 分。

（2）考核时间：5 min。

（3）考核形式：口述。

（4）设备设施准备：常用消毒剂实物或图片、常用消毒设备图片、消毒用品用具盛放器具设备图片。

2. 考核要求及其注意事项

（1）口述常用消毒剂、常用消毒设备的分类、管理要求与注意事项。

（2）按考核要点要求依次进行，时间一到立即停止操作，操作超过 5 min 本题零分。

3. 考核目的

保育人员应掌握正确的消毒剂分类、管理要求与注意事项。

4. 评分项目及标准

评分项目	考核要点	配分	评分标准
1. 常用消毒剂	漂白粉、漂白粉精、84 消毒液、84 片、新洁尔灭、酸性氧化电位水、过氧乙酸、高锰酸钾、碘伏、酒精等（4 分）	4 分	错、漏一处扣 0.5 分，扣完为止
2. 常用消毒设备	消毒碗柜（0.5 分）、紫外线灯（0.5 分）、臭氧装置等（0.5 分）	1 分	错、漏一处扣 0.5 分，扣完为止
3. 管理要求	（1）清洁放置物品的橱柜、容器（1 分） （2）将物品整齐摆放（1 分）	2 分	错、漏一项扣 1 分
4. 注意事项	（1）保育员对所保管的物品必须清点登记，不得借给私人使用（1 分） （2）进出物品要登记，并经常进行核对（1 分） （3）班级中最好有存放物品的仓库或保管室（1 分）	3 分	错、漏一项扣 1 分
合计		10 分	

职业模块二　生活管理与教育

考核要点

考核范围	理论知识考核要点	重要程度	技能考核要点	重要程度
进餐管理与指导	1. 合理营养膳食的重要性	熟悉	1. 为婴幼儿分发餐食	掌握
	2. 托幼机构餐前的准备工作	掌握	2. 餐后护理	掌握
	3. 餐食分发的要求	掌握	3. 婴幼儿良好进餐习惯培养	掌握
	4. 培养婴幼儿餐后漱口、擦嘴习惯的重要性	掌握		
	5. 餐后漱口的方法	熟悉		
	6. 餐后的清洁卫生	掌握		
	7. 膳食搭配的基本原则	掌握		
	8. 不同年龄婴幼儿的进餐特点	掌握		
	9. 婴幼儿正确使用餐具的方法	掌握		
	10. 婴幼儿需培养的良好进餐习惯	掌握		
饮水管理与指导	1. 托幼机构常用的饮水设备	掌握	1. 饮水准备	掌握
	2. 饮用水准备要求	掌握	2. 保温水桶的清洁	掌握
	3. 不同年龄段婴幼儿的饮水量	掌握	3. 组织婴幼儿饮水	掌握
	4. 婴幼儿健康饮水指导	熟悉		
	5. 组织不同年龄段婴幼儿饮水	熟悉		
	6. 婴幼儿需培养的良好饮水习惯	掌握		
	7. 婴幼儿饮水中的语言指导	掌握		
	8. 饮水后的指导	掌握		
盥洗、如厕管理与指导	1. 指导婴幼儿盥洗的要求	熟悉	1. 盥洗前的准备与幼儿刷牙指导	掌握
	2. 婴幼儿应养成的良好盥洗习惯	掌握	2. 盥洗管理与指导	掌握
	3. 七步洗手法	熟悉	3. 婴幼儿良好盥洗习惯培养	掌握
	4. 指导婴幼儿如厕的要求	掌握		
	5. 婴幼儿如厕的指导	熟悉		
	6. 婴幼儿小便的指导与训练	熟悉		
	7. 婴幼儿大便的指导与训练	熟悉		
	8. 两便的清洁方法	掌握		

续表

考核范围	理论知识考核要点	重要程度	技能考核要点	重要程度
睡眠照料	1. 睡眠的重要性	掌握	1. 指导婴幼儿独立就寝	掌握
	2. 婴幼儿的睡眠时间	掌握	2. 婴幼儿睡眠中遗尿问题的处理	掌握
	3. 良好、安全的睡眠环境	掌握	3. 婴幼儿入睡时的护理	掌握
	4. 入睡前管理的内容与方法	掌握		
	5. 婴幼儿的睡眠特点	掌握		
	6. 不同年龄婴幼儿午睡的指导	掌握		
	7. 婴幼儿需培养的良好睡眠习惯	掌握		
	8. 正确的睡姿	掌握		
	9. 睡眠中的特殊保育	掌握		
	10. 安全睡眠常识	熟悉		
	11. 婴幼儿的起床护理	掌握		
物品管理	1. 物品管理的基本要求	掌握		
	2. 常规物品的保管方式	掌握		
	3. 常用物品保管制度	熟悉		
	4. 常见生活危险品的类别	掌握		
	5. 常见生活危险品的保管要求	熟悉		
	6. 物品损坏的处置	熟悉		

重点复习提示

一、进餐管理与指导

1. 合理营养膳食的重要性

合理营养是婴幼儿正常生长发育和身心健康的物质基础，婴幼儿营养不足，就会出现体重过轻、免疫力下降、生长发育迟缓等，严重的甚至会影响智力的发育；而营养过剩，也会给身体带来不必要的负担，造成超重、肥胖，甚至影响长期的健康。

2. 托幼机构餐前的准备工作

（1）个人卫生与着装。领餐前，保育员穿上餐点专用工作服，戴好隔离帽，将头发塞到帽子里，并戴上口罩（口罩要遮住口鼻），在流动水下使用洗手液洗净双手。

（2）餐前饭桌消毒。餐前 20 min 先用清水毛巾按从上到下、从左到右的顺序擦去桌面及四周边沿的浮尘、污垢，然后将消毒毛巾浸在 250 mg/L 有效氯消毒剂溶液中，取出拧成半干半湿状，由桌面开始从上到下、从左到右（不留天窗）擦拭消毒，再按以上顺序消毒桌子四周边沿。20 min 后，再用清水毛巾由桌面开始从上到下、从左到右（不留天窗）擦净桌面及四周边沿，去除残留消毒剂。

（3）分发餐具的要求。按当日出勤人数和婴幼儿的年龄分发餐具，如托班、小班的幼儿发勺子，中班、大班幼儿发筷子。托班、小班的餐具由保育员负责分发；中班、大班餐具的餐具分发可以由值日生负责，保育员指导幼儿按照一一对应的关系分发餐具。

（4）饭菜的散热与保洁。春夏季，可以提前一会儿到厨房提取饭菜。饭菜取回后，保育员可以用饭勺来回搅拌以加快散热，也可以将饭菜放在风扇下或通风好的地方自然散热、降温。

给婴幼儿提供新鲜卫生的食品，教育引导婴幼儿不吃隔夜饭，不吃腐烂的瓜果，不吃蚊虫叮咬过的食物，以防引起食物中毒或腹泻。在盛饭菜的容器上加盖防蝇罩，以防止蚊蝇或灰尘污染饭菜。

（5）饭菜的保温。秋冬季节，合理安排取餐时间，随到随分。盛饭菜的容器加盖密封好，或用棉垫围裹在容器的周围，也可以将盛饭菜的容器放在暖气旁边，以减缓饭菜散热。

3. 餐食分发的要求

（1）餐食分发的顺序。基本顺序为蔬菜→荤菜→饭→汤等。

（2）餐食分发的原则

1）按照公平对待、少盛多添的原则，吃一桌发一桌。

2）体弱儿先发，肥胖儿最后发，病号菜、营养菜分发到位。

3）特别注意，食物过敏婴幼儿的饭菜必须确认不包含过敏食物，分发前必须再次核实。

4）注意饭菜的温度，做到冬暖夏温凉。

（3）餐食的摆放。一般使用小碗时，三个碗呈倒三角放置，即饭碗在前，汤碗在左后，菜盘在右后。如果使用餐盘，盛米饭的一格朝向孩子。

4. 培养婴幼儿餐后漱口、擦嘴习惯的重要性

餐后及时漱口，可以将口腔中的食物残留物冲掉，在清洁口腔的同时清除口腔异味，保护牙齿，降低患龋率。漱口后擦嘴能保持面部整洁，保持良好的个人形象和卫生习惯。

5. 餐后漱口的方法

咽下最后一口饭后，用水杯接适量温水，鼓漱多次。

6. 餐后的清洁卫生

（1）餐后的桌面与地面清洁。保育员要等孩子全部吃饭完后，才能进行打扫工作。先用混有洗洁精的温水浸湿毛巾擦去油腻，再用清水洗净毛巾，擦净桌面；先扫地再拖地。地面油腻的可以用混有洗洁精的温水浸湿拖地，再用清水洗净拖把，拖净地面。

（2）餐后餐具和残渣的整理。将餐具中食物残渣倒入残渣桶，餐具分类摆放，送营养室、厨房或消洗间。

（3）餐后擦嘴毛巾的清洗与消毒。在专用水池或洗衣机里清洗擦嘴毛巾，洗完后放在指定的区域待消毒。毛巾消毒时不可叠放或扎紧。

7. 膳食搭配的基本原则

（1）食物搭配均衡。

（2）食物种类多样。

（3）营养素摄入比例得当。

（4）一日三餐两点的热量占比合理。幼儿一日所需营养素合理分配在各餐中，其中热量分配比例为：早餐 20%、早点 5%、午餐 35%、午点 10%、晚餐 30%。

（5）烹调方法考虑婴幼儿年龄特点，在保存食物营养素的前提下应做到细、烂、软、嫩，便于婴幼儿消化。同时注意色、香、味、形，以增进婴幼儿的食欲。

8. 不同年龄婴幼儿的进餐特点

（1）1~2 岁婴儿的进餐特点。1 岁以后，婴儿的自我意识逐渐增加，喜欢模仿大人的行为，食物宜为颗粒状、小块状，也可以将食物切碎或捣烂。1~2 岁婴儿喜欢抓食，可以为其准备手抓食物，如薯条、苹果片、馒头等，供其啃食。婴儿 18 个月左右可以学习用小勺吃，2 岁时学会自己用勺吃饭。

（2）2~3 岁婴儿的进餐特点。食欲有所下降，表现出食欲时好时坏、不稳定的特点。由于注意力转移，很多婴儿会出现挑食、偏食、厌食等问题。

（3）3~6 岁幼儿的进餐特点。食欲基本稳定。在饥饿时能主动摄食，保持着较好的食欲。但容易因种种原因出现波动，如患病、情绪不良、精神紧张等因素都会导致食欲不振。

9. 婴幼儿正确使用餐具的方法

（1）正确使用饭勺的方法。手握住离勺柄上端约 1/3 处，用大拇指、食指和中指三个手指头捏住勺柄。

（2）正确使用筷子的方法。用拇指和食指夹住两根筷子的上部约 1/3 处，将下面一根筷子的底部靠在无名指上用拇指压牢，再用食指和中指的指尖夹住上面一根筷子。使用时只需要活动中指和食指。

10. 婴幼儿需培养的良好进餐习惯

（1）定时进餐的习惯。每天固定时间进餐，婴幼儿每天应安排 3 次正餐，至少 2 次加餐，上、下午各一次。

（2）定点进餐的习惯。

（3）定量进餐的习惯。一日三餐要营养充足、全面，食品要丰富多样。加餐推荐以奶和水果为主。

（4）专心进餐的习惯。

（5）不挑食、不偏食的习惯。

（6）吃健康零食的习惯。摒弃高糖、高盐、高脂肪的“三高”零食。

（7）进餐卫生的习惯。饭前洗手，饭后漱口、擦嘴，正确使用餐巾纸擦嘴。养成不撒饭、不剩饭、不捡拾掉在桌上或地上食物。尽可能地做到“四净”，即碗净、桌面净、地面净、衣服净。进餐完毕，将自己的餐具放到指定的位置后，搬小椅子离开餐桌。

（8）文明进餐的习惯。安静、愉快地就餐，咀嚼食物、喝汤时尽量不发出声响，做到细嚼慢咽。

二、饮水管理与指导

1. 托幼机构常用的饮水设备

（1）保温水桶。水桶应具有保温效果，加盖上锁。每天检查水桶有无异常，确保出水流畅。水桶应每天一清洗，每周一消毒。

（2）水杯。必须每人一杯，专人专用，每天清洗、消毒。消毒好的水杯放入杯橱时，应对照相应的标志杯柄朝外，杯口朝上，不接触到橱壁。

（3）杯橱。杯橱不能安装得过高，应便于孩子取放水杯，杯橱柜内应做好标识。

（4）其他饮水设备：饮水机、直饮水机等。饮水机内部的清洗、消毒应每月进行一次，有滤芯的定期更换滤芯。

2. 饮用水准备要求

根据季节、气温的变化，冬季饮用水温度可在 37 ℃左右，夏季的饮用水温度不宜过冷、过热，以 10~30 ℃为宜。在孩子饮水前，应先放空两杯水，再用手腕内侧试水温，也可以准备专用测温的杯子接一杯水，用中心温度计测量水温。

3. 不同年龄段婴幼儿的饮水量

婴幼儿新陈代谢旺盛，年龄越小需水量相对越大。婴幼儿的需水量也与气候、饮食、活动量的大小有着密切的关系。在季节干燥、出汗多的情况下应适当加大饮水量。

4. 婴幼儿健康饮水指导

（1）组织婴幼儿饮水前分组洗手。保教沟通、三位一体，在组织婴幼儿饮水前，应分组组织婴幼儿有序洗手，避免盥洗室拥挤而出现危险。

（2）饮水指导

1）培养婴幼儿养成饮水前先清洗双手的卫生习惯。

2）提醒婴幼儿拿取自己的杯子，并要求饮水时拿稳水杯，每次先倒半杯水，喝完再倒。

3）指导婴幼儿喝水前要小口尝试，避免烫嘴；饮水时不要说话或打闹，防止呛咳。喝完水后，应将水杯放回原处，杯柄朝外，杯口朝上，不碰触到橱壁。

4）指导婴幼儿饭前、饭后半小时之内不大量饮水。

5）指导婴幼儿进餐过程中不过量饮水或吃汤（水）泡饭。

5. 组织不同年龄段婴幼儿饮水

组织托班、小班孩子饮水时，保育员应帮助、指导孩子记住自己水杯的标识或位置，并培养正确的接水方法，一手拿杯柄，一手打开水龙头，接至半杯后关闭水龙头。

组织中班、大班孩子饮水时，保育员应观察孩子有无拿错水杯并提醒孩子按需接水，不接水过满。

6. 婴幼儿需培养的良好饮水习惯

（1）定时饮水的习惯。

（2）不定时饮水的习惯。

（3）不喝甜饮料、不喝果汁的习惯。

（4）喝白开水的习惯。

（5）自己补充水分的习惯。

7. 婴幼儿饮水中的语言指导

保育员在指导幼儿饮水时语言要规范、态度要和蔼，对不同年龄婴幼儿采用适合其年龄特点的指导语言。

8. 饮水后的指导

（1）水杯摆放整齐。指导婴幼儿按标识将自己的水杯归位，并检查位置是否正确。

（2）饮水情况反馈。保育员应掌握孩子们一天的饮水量，如发现异常情况，要将饮水情况反馈给教师。

三、盥洗、如厕管理与指导

1. 指导婴幼儿盥洗的要求

（1）盥洗前的准备。备足消毒的擦手毛巾及洗手液或香皂，固定于方便拿取的位置。

（2）盥洗时的护理。盥洗过程中巡回指导，关注安全，提醒婴幼儿不玩水、用洗手液或擦香皂要适量。

（3）盥洗后的整理。及时擦干盥洗室地面及台盆上水渍，清洁消毒并补充擦手毛巾。

2. 婴幼儿应养成的良好盥洗习惯

（1）洗手的习惯

1）饭前便后要洗手。

2）户外活动结束后要洗手。

3）从医院出来要洗手。

4）打喷嚏或咳嗽后要洗手。

此外，保育员还应帮助婴幼儿养成手脏了就洗的好习惯。洗手前指导婴幼儿先将袖口挽起，并轻轻打开水龙头，浸湿手心、手背以及手腕，挤适量洗手液，运用七步洗手法揉搓双手。

（2）刷牙、漱口的习惯。培养婴幼儿早晚刷牙、饭后漱口的习惯，及时将口腔内的食物残渣清除掉，避免因食物残渣在口腔内存留时间过长而引发牙患。刷牙、漱口可以有效预防龋齿，保护婴幼儿牙齿健康。

（3）洗脸、洗头、洗澡、洗脚的习惯。坚持每天洗脸、洗头、洗澡对身体进行全面的“大扫除”，使皮肤和头发保持清洁、干爽。洗脚、洗屁股可以保持皮肤的清洁、卫生，有效预防各种疾病。

（4）其他盥洗习惯。培养婴幼儿勤剪指甲、勤理发、勤换衣的习惯。

3. 七步洗手法

第一步：洗手掌。

第二步：洗背侧指缝。

第三步：洗掌侧指缝。

第四步：洗指背。

第五步：洗拇指。

第六步：洗指尖。

第七步：洗手腕、手臂。

4. 指导婴幼儿如厕的要求

（1）如厕前的准备。备足柔软的厕纸，裁剪成合适的大小，抖松以方便婴幼儿拿取。

（2）如厕时的护理。如厕过程中巡回指导，关注安全，提醒婴幼儿专心如厕，使用厕纸。

（3）如厕后的整理。及时清理厕所、便器，补充厕纸。

5. 婴幼儿如厕的指导

（1）托班、小班孩子如厕指导。保育员可以帮助孩子脱裤子，鼓励孩子蹲稳，不害怕。便后要帮助并教给孩子擦屁股、整理衣裤的方法。

（2）中班、大班幼儿如厕指导。指导孩子蹲厕时将双脚分别站立在便池的两侧，双腿劈开，将裤子脱至膝盖处。教孩子掌握从前往后擦屁股的方法。指导孩子将纸扔到便池中，站起，提好裤子（将内衣塞进裤腰里，不露肚脐和后背）。指导孩子便后冲厕所及便后洗手。

6. 婴幼儿小便的指导与训练

（1）1~2 岁婴儿。保育员应注意观察婴儿的表情和动作，掌握婴儿排尿的规律和特点。通常情况下，婴儿在排尿前都会伴有打寒战、眼神发直、使劲、下蹲、脸色发红等表现。

（2）3 岁以上幼儿。3 岁以后的幼儿语言表达和动作都有了很大的发展，保育员应指导幼儿有了尿意后直接到小便池排尿，排尿完毕后冲厕洗手。

7. 婴幼儿大便的指导与训练

（1）注意观察婴幼儿排便前的动作表现。通常婴幼儿在排便前会排出有臭味的气体，同时脸色发红，伴有使劲的动作和声音，这时保育员应及时让婴幼儿坐到便盆上，或蹲到便池上。

（2）掌握好排便时间。婴幼儿不宜长时间坐便盆蹲便池，每次排便时间宜控制在 5 min 内。

（3）帮助婴幼儿养成每天定点排便的习惯，建议在餐后 15~30 min 时排便。

（4）用正确的态度对待婴幼儿的排便行为。

8. 两便的清洁方法

（1）小便后的清洁方法。中班、大班的幼儿需要保育员指导其便后清洁，将卫生纸对折，从前往后擦屁股，然后将卫生纸再对折，从前往后再次擦拭。保育员应指导女孩养成小便后用卫生纸擦拭残留在外阴上的尿液的习惯，要从外阴部往前擦。

（2）大便后的清洁方法。女孩大便用两张纸，一张从外阴部往前擦，擦拭残留尿液；另一张从肛门往后擦，擦净大便。

四、睡眠照料

1. 睡眠的重要性

睡眠对保证婴幼儿身心健康有着重要的作用。充足的睡眠能使婴幼儿食欲旺盛，心情愉快，从而促进婴幼儿的生长发育，增进身体健康。

在婴幼儿时期，睡眠不足往往会带来一系列的危害，如影响身高增长，影响免疫功能成熟，还会影响大脑发育，甚至影响情绪及认知行为。

2. 婴幼儿的睡眠时间

通常情况下，年龄越小，需要的睡眠时间就越长。

3. 良好、安全的睡眠环境

（1）睡眠的物质环境。安静，通风，保持适宜的温度、湿度，保持适宜的光线。

（2）睡眠的心理环境。温暖、轻松的心理环境，让幼儿形成安全感和信赖感。婴幼儿到一个陌生的环境，会出现焦虑和哭闹现象，内心充满恐惧和不安，保育员可以从环境入手，营造像家一样的环境，有助于帮助其建立归属感。在日常生活中经常用自己的肢体语言给予婴幼儿关怀，帮他们穿衣，拍他们入眠，以动作、表情等各种方式向他们表示亲近和爱抚，传递爱的信息，慢慢会增强婴幼儿的安全感和对保育员的信任感，使他们感受到妈妈般的爱和温暖，从而建立一种安全型的依恋关系。

4. 入睡前管理的内容与方法

（1）合理安排床位。一般体弱的孩子应安排在背风处，体质较好、怕热的孩子安排在通风处（但不能吹对流风）；易尿床、爱说话、好动的孩子可睡在便于保育员照顾的地方；感冒、咳嗽的孩子床位最好与其他孩子保持一定的距离。安排床位时，全体孩子应做到头脚交叉睡。

（2）准备好被褥。

（3）指导孩子着装。穿脱衣服时，保育员应督促孩子动作要迅速，不要边脱边玩，以免着凉感冒。建议让孩子冬季穿棉毛衫裤，或者上身加一件薄薄的背心或毛衣；夏季开空调时穿圆领汗衫、短裤或中裤。

1）穿脱衣服、鞋袜的顺序建议。脱衣服的顺序：鞋→袜子→裤子→上衣。穿衣服的顺序：上衣→袜子→裤子→鞋。

2）脱下衣服、鞋袜的放置要求。衣服脱下后指导孩子将衣服整齐地叠放在靠近床尾的床边一角，或者将衣服搭放在床的围栏上。鞋子脱下后整齐地摆放在床下，并将袜子放在鞋子里。

5. 婴幼儿的睡眠特点

（1）吃、玩、睡。

（2）需要午睡。

（3）睡眠中有特殊习惯。

6. 不同年龄婴幼儿午睡的指导

（1）小班婴幼儿

1）在教师和保育员帮助下，知道午睡的步骤（小便→进睡眠室→脱鞋→脱裤子→脱衣服→盖被子→入睡）。

2）知道将脱下的衣物放在指定地方。

3）能按时安静入睡，不影响他人。

4）起床时能做到：起床→穿衣服→穿裤子→穿鞋子→坐在小床边等待老师。

（2）中班幼儿

1）轻声进入睡眠室，基本能正确按午睡步骤入睡。

2）将脱下的衣物放在指定地方。

3）能独立、安静入睡，不影响他人。

4）起床基本按步骤完成。

（3）大班幼儿

1）轻声进入睡眠室，能独立正确按午睡步骤入睡。

2）同伴间互相帮忙穿脱衣服，并将脱下的衣物放在指定地方。

3）能独立、安静入睡，不影响他人。

4）能独立按起床步骤起床。

7. 婴幼儿需培养的良好睡眠习惯

（1）自动入睡的习惯。

（2）不影响他人的习惯。

8. 正确的睡姿

侧卧或仰卧。

9. 睡眠中的特殊保育

（1）对易尿床孩子的护理。入睡前要提醒他们小便，入睡后经常过去摸一摸其被褥，如有尿床，应及时予以更换。同时注意观察，掌握其排尿规律，或在睡眠前使用纸尿裤，缓解孩子和老师的压力，尤其是对未满 3 岁的孩子。

（2）对体弱儿等的差异化护理

1）对需要睡觉时间较长、脱衣动作较慢的孩子，或年龄较小、体质较弱的孩子，应组织他们提前入睡。

2）对不喜欢睡觉或睡眠时间相对较短的孩子，或上床后喜欢与别人打闹、不能及时入睡的孩子，可以组织他们晚一会儿上床，同时可以把他们的床铺安排在靠近睡眠室门口或靠近保育员视线的位置，这样可以避免影响其他孩子，便于保育员的组织管理。

3）对体质较好、怕热的孩子，保育员可以把他们的床铺安排在睡眠室门口、窗户下面等通风好的地方，以保证其睡眠质量。

10. 安全睡眠常识

（1）防止携带危险物品就寝。

（2）防止线头缠绕手指。

（3）防止被子捂住口鼻。

11. 婴幼儿的起床护理

（1）晾被的要求。婴幼儿起床后应晾被。

（2）整理睡眠室的要求。婴幼儿起床后，保育员应先照顾婴幼儿穿衣、小便、喝水，然后将被子翻转过来晾一晾，将窗帘拉开，打开窗户通风，最后将被子叠好，统一摆放整齐。

（3）叠被的步骤。叠两边，叠成豆腐块。

五、物品管理

1. 物品管理的基本要求

（1）物品入册登记。托幼机构中所有物品都应该分类登记造册，明确物品数量、采购日期和使用人，以便定时清点管理。

（2）定期数量核对。如果出现不符合应及时查找，出现损坏要做坏损登记。如有借出，应及时登记并索还，以免丢失。

（3）日常检查与报修。日常工作中，保育员应该加强设备设施的维护和保养，配合园所对这些设备进行常规的维修。发现异常，需及时报修或更换，避免出现危险。

2. 常规物品保管方式

（1）床具管理。床具应一人一床、专人专用，做好标记。可在床边写上孩子的姓名、编号，贴上照片等，便于孩子辨认。

（2）床上用品的管理。根据季节变化，更换不同厚度的被子，被子厚度适宜。床单和被褥等每两周进行打包，由家长带回清洗。

（3）婴幼儿衣物、书包等管理。衣物、书包等，要保证整洁，摆放有序。

（4）玩具、运动器械管理。玩具、运动器械摆放整齐、有序。每日对玩具柜、运动器械进行擦拭消毒，擦拭后放回原处。

3. 常用物品保管制度

（1）床具的保管制度。在每天清洁消毒过程中，同时检查床具的安全性，发现损坏及时报修。

（2）婴幼儿衣物、书包的保管制度。

（3）玩具、运动器械等保管制度。

（4）其他物品保管制度。

4. 常见生活危险品的类别

（1）婴幼儿自带的可能出现危险的物品，如孩子口袋中的细小或锋利的危险物品，或小的食物。

（2）教学材料、生活用品及环境材料中的危险物品，如教师使用的大剪刀、美工刀，教师的个人物品，环境中带尖角的、坚硬的、锋利的材料。

（3）玩具、运动器械等，如损坏的玩具，婴幼儿自带的带尖角的玩具、电动玩具等。

（4）设施设备中可能出现的危险物品，如电源插座、插线板，桌角、门缝，运动器械，紫外线灯等。

（5）保育工作中的物品，如日常使用的消毒片、配好的消毒液、杀虫剂、清洁消毒工具等。

5. 常见生活危险品的保管要求

（1）婴幼儿自带的危险品保管要求。发现婴幼儿自带危险品，可以请家长带回，同时也告知家长，来园前对孩子随身物品进行安全检查。

（2）教师办公、生活用品或环境材料等可能出现的危险品保管要求。应放置在婴幼儿拿取不到的地方，环境材料投入前考虑安全性，发现安全隐患，及时更改方案或撤换。

（3）破损玩具的保管要求。玩具损坏及时报修，并及时把损坏的玩具移至婴幼儿拿不到的安全地方，或进行临时隔离、采取保护措施。

（4）设施设备中可能出现的危险品保管要求。电源插座安装在距地面 1.8 m 以上，尖锐的桌角、门缝等可以装防撞角、防夹条，紫外线灯的开关应有安全标识，在婴幼儿离园后无人状态下使用，并关好门窗，门口要有明显的提示，防止他人误入。

（5）保育工作中的危险物品保管要求。日常使用的消毒片、配制好的消毒液（加盖）、杀虫剂、清洁消毒工具等应放置在上锁的橱柜里，拿取后，随手上锁，使用时应注意安全，避免婴幼儿接触。

6. 物品损坏的处置

及时将损坏的物品移至婴幼儿触碰不到的地方，或做好安全防护，上报维修；不能维修的登记确认后方可进行报废处理，并做好报废记录。

理论知识辅导练习题

一、判断题（下列判断正确的请在括号中打“√”，错误的请在括号内打“×”）

1. 婴幼儿的消化特点是咀嚼能力有限、吞咽能力有限、消化能力弱、胃容量小。（　）

2. 膳食中有蛋白质、脂肪、碳水化合物、维生素、矿物元素、水和膳食纤维等营养素。（　）

3. 为婴幼儿准备的饭菜应该迎合其食物爱好。（　）

4. 保育员分餐时的个人卫生要求是穿上餐点专用工作服、戴好隔离帽、戴上口罩、口罩要遮住口鼻。（　）

5. 餐前桌面消毒时擦拭的顺序是从前到后、从上到下，不留天窗，再四边四角。（　）

6. 餐桌用消毒液擦拭后，过 30 min 再用净水毛巾擦拭。（　）

7. 桌面消毒时用净水毛巾擦拭是为了擦去浮灰、污垢、去除残留消毒剂。（ ）

8. 为避免受到污染，餐具应在用餐前 20~30 min 发。（ ）

9. 指导幼儿分发餐具时，餐具的正确摆放位置是碗全部放在小朋友的左侧。（ ）

10. 夏季饭菜散热的方法有提前领取饭菜、用饭勺将饭捣松。（ ）

11. 正确使用餐后小毛巾擦脸：双手拿毛巾，从嘴角两边向中间擦，对折，再擦脸，再对折，擦手，把毛巾摊开后放在指定地方。（ ）

12. 指导大班幼儿自己盛饭菜的基本要求是少盛多添。（ ）

13. 保育员提高婴幼儿进餐兴趣的方法应从讲故事入手。（ ）

14. 喝汤端碗的正确姿势是头低下、嘴接近碗边。（ ）

15. 当幼儿进餐时出现托腮、扶头等情况时，保育员需要及时予以纠正。（ ）

16. 幼儿使用饭勺时，手应握住离勺柄上端约 1/3 处，用大拇指、食指和中指三个手指头捏住勺柄。（ ）

17. 夹菜挑挑拣拣不属于文明进餐的习惯。（ ）

18. 积极的心理暗示，创造愉快的进餐气氛，有趣的食育活动，有助于婴幼儿改掉挑食的毛病。（ ）

19. 在婴幼儿饮水前，保育员应先放空两杯水，再用手腕内侧试温，也可以准备专用测温的杯子接一杯水，用中心温度计测量水温，以确保水温的安全。（ ）

20. 保温水桶应具有保温效果，加盖上锁。（ ）

21. 每天应检查保温水桶桶身、水嘴，查看有无异常，确保出水流畅。（ ）

22. 保温水桶须用专用毛巾、餐具清洗剂、流动水清洗，由内向外，先洗桶内壁再洗外壁四周及盖子、壶嘴。（ ）

23. 饮水与婴幼儿健康没有密切的关系。（ ）

24. 人体肌肉、血液、骨骼、牙齿、脊髓、关节、眼球等器官都含有丰富的水分。（ ）

25. 气温不会影响婴幼儿对水的需求。（ ）

26. 婴幼儿多喝冷水，能消除疲劳，提高机体抵抗疾病的能力。（ ）

27. 随着婴幼儿年龄的增长，保育员应有意识地培养他们在没有人提醒的情况下自己补充水分的习惯。（ ）

28. 饮水习惯的养成是一个漫长的过程，保育员应提高认识，切不可急于求成，应反复强调，逐步培养。（ ）

29. 托、小班孩子喝完水后，保育员须观察他们是否自己放好水杯。（ ）

30. 在婴幼儿活动时，保育员应观察孩子的表现，对有大量出汗的孩子，可让其暂停活

动，待呼吸平稳后，鼓励孩子多喝水。（　）

31. 如果婴幼儿打翻水杯，应清洗水杯后再喝，以达到一人一水杯的目的。（　）

32. 婴幼儿若养成在饭前、饭后饮水的习惯，不仅对肠胃有损害，还会造成营养不良。（　）

33. 饭后饮水对胃有影响，会影响婴幼儿的健康。（　）

34. 幼儿出现多汗或呕吐、腹泻等症状时，应及时补充水分以防因失水而导致病情加重。（　）

35. 应根据班级人数分组洗手，每组不超过 10 人。（　）

36. 托班孩子的水杯可以使用孩子自己的名字进行标识。（　）

37. 盥洗前，保育员需要准备擦手毛巾和洗手液放在洗手池旁。（　）

38. 盥洗过程中，保育员需要注意婴幼儿安全，提醒他们不玩水、擦香皂适度，正确使用擦手毛巾。（　）

39. 保育员要培养婴幼儿养成手脏了就洗的好习惯。（　）

40. 刷牙、漱口可以有效预防龋齿，保护婴幼儿牙齿健康。（　）

41. 七步洗手法的步骤是内、外、夹、弓、立、大、腕。（　）

42. 俗话说“病从口入”，是因为未洗手就吃东西，容易把细菌和灰尘吃进肚子里，从而导致疾病。（　）

43. 在盥洗过程中要监督指导婴幼儿养成良好的盥洗习惯。（　）

44. 婴幼儿有很强的可塑性，要对他们盥洗中出现的问题进行负强化。（　）

45. 婴幼儿如厕完，保育员要及时清理，补充厕纸。（　）

46. 婴幼儿如厕过程中保育员要巡回指导，关注婴幼儿安全。（　）

47. 保育员须帮助托、小班孩子便后擦屁股、整理衣物。（　）

48. 有些幼儿大便时不习惯蹲厕，保育员可以在一旁搀扶。（　）

49. 中、大班幼儿蹲厕时，应将裤子脱至小腿处。（　）

50. 冬天婴幼儿如厕后要将所有衣服塞进裤腰里，避免着凉。（　）

51. 婴幼儿擦屁股使用的毛巾要放到指定位置，并清洗消毒。（　）

52. 女孩擦大便建议使用三张纸。（　）

53. 婴幼儿憋尿会出现注意力分散、情绪紧张、坐立不安等现象。（　）

54. 当孩子将大便拉到身上时，保育员要及时处理，态度温和，不训斥。（　）

55. 婴幼儿起床后，保育员应先照顾孩子们穿衣、小便、喝水；然后，将每个孩子的被子翻转过来晾一晾，将窗帘拉开，打开窗户通风；最后，将被子叠好，统一摆放整齐。（　）

56. 对于不能及时入睡的孩子，保育员可以组织他们早些上床，以确保他们的睡眠时间。（　　）

57. 对于经常尿床的孩子，入睡后，保育员要经常过去摸一摸其被褥，如有尿床，应及时予以更换。（　　）

58. 安抚婴幼儿入睡时可尝试坐在床边、轻轻拍、陪伴入睡等方法，使其对新环境产生安全感，从卫生问题考虑不允许带安抚物入园陪同婴幼儿入睡。（　　）

59. 应培养婴幼儿在睡前、睡醒后能保持安静、不影响他人的习惯。（　　）

60. 待全部孩子入睡后，值班的保育员可以离开卧室，做环境清洁工作。（　　）

61. 午睡“两开两关”，即脱衣前、穿衣前关窗，午睡时、穿好衣服后适当开窗。（　　）

62. 婴幼儿可以站在床上穿脱衣服。（　　）

63. 让孩子养成良好的睡眠习惯，在心理学上就是建立条件反射的过程。（　　）

64. 保育员应指导幼儿将衣服整齐地叠放在靠近床尾的床边一角，或者将衣服搭放在床的围栏上。（　　）

65. 对小班或托班的孩子，保育员要帮助他们穿脱外衣、鞋袜。（　　）

66. 卧室的光线应柔和，婴幼儿睡觉时应关灯。（　　）

67. 应注意培养婴幼儿正确的睡眠姿势，鼓励婴幼儿右侧卧。（　　）

68. 保育员对待婴幼儿的态度要温和，说话的语气要亲切和蔼，声音要轻柔。（　　）

69. 睡眠不足会影响体重的增长。（　　）

70. 睡眠时脂肪消耗减少。（　　）

71. 3 个月以上的婴幼儿应该养成自动入睡的习惯。（　　）

72. 对婴幼儿来讲，穿衣比脱衣更容易学。（　　）

73. 托幼机构中所有公共财物，每一件物品都应该分类登记造册，明确物品数量、采购日期和使用人，以便定时清点管理。（　　）

74. 日常工作中，应该加强对设施设备的维护和保养，配合园所对这些设备进行常规的维修。细心观察教室内的墙面、地板、天花板、门窗、供暖设备、上下水管道、家具（桌椅）、电器（电风扇、插座等）等设备使用情况，发现异常，需及时报修或更换，避免出现危险。（　　）

75. 床具应一人一床专人专用，做好标识，便于婴幼儿辨认。（　　）

76. 婴幼儿午睡被子过厚或者过薄，保育员可以自作主张给孩子合适的被子。（　　）

77. 婴幼儿的被子一般情况下每周都要带回家洗晒。（　　）

78. 婴幼儿的小床适合靠窗摆放，因为通风好。（　　）

79. 婴幼儿的被子须每两周由家长带回家中洗晒。（ ）

80. 若家长或孩子将衣物弄乱，应批评家长，并要求他们整理好。（ ）

81. 婴幼儿的衣物、书包等摆放时要求做到整齐、易拿取。（ ）

82. 班级玩具的摆放须有固定的位置和满足摆放要求。（ ）

83. 玩具柜表面经常会有不干胶的印记，需要及时发现及时去除。（ ）

84. 婴幼儿入园带来的贵重物品及玩具、图书、零食等，由保育员先暂时保管，放在固定位置，待其回家时归还，并交代家长和婴幼儿以后不能带以上物品入园。（ ）

85. 教学用品和日常生活用品，应放置在婴幼儿接触不到的安全的地方，同时本着节约的原则领取和使用。（ ）

86. 教师使用的大剪刀、美工刀等，不能随意放置，应放置在婴幼儿不能接触的地方。（ ）

87. 教师的个人物品应避免使用易碎材料。（ ）

88. 保育员要关注婴幼儿口袋中是否有危险品。（ ）

89. 墙面出现不干胶的印记时需要保育员清除，清除时注意墙面的保护。（ ）

90. 定期检查登记入册物品的质量，出现损坏要做坏损登记。如有借出，应及时登记并索还，以免丢失。（ ）

二、单项选择题（下列每题有4个选项，其中只有1个是正确的，请将其代号填写在横线空白处）

1. 婴幼儿的进餐时间不少于________ min。

A. 15　　B. 20

C. 30　　D. 40

2. 指导幼儿发餐具应以________为原则。

A. 婴幼儿心理特点　　B. 幼儿的要求

C. 父母的要求　　D. 培养自我服务能力

3. 保育员分发餐具时，应根据________分发餐具。

A. 家长嘱咐　　B. 老师要求

C. 婴幼儿年龄　　D. 以上都是

4. 保育员对食欲差的体弱儿应做到________。

A. 不想吃就不吃　　B. 循序渐进增加其膳食量

C. 只喝果汁　　D. 只喝奶

5. 餐桌消毒的方法是________。

A. 先清水毛巾擦拭，再消毒水毛巾擦拭，最后净水毛巾擦拭

B. 先清水毛巾擦拭，再消毒水毛巾擦拭

C. 先用消毒毛巾，再用净水毛巾擦拭

D. 只要消毒到位都可以

6. 以下关于漱口的认识正确的是________。

A. 托班孩子年龄小，不用漱口

B. 漱口习惯的培养是班级教师的事，保育员不用管

C. 漱口习惯的培养只能靠家长的引导

D. 婴幼儿在园漱口的习惯培养需要班级教师和保育员共同教育引导

7. ________较适合作为保育员在小班幼儿进餐时的语言指导。

A. 今天吃什么菜，谁来告诉大家？

B. 看看今天吃什么？有××，有××……

C. 吃完饭应该做什么？

D. 毛巾、碗、筷都放好了吗？

8. 保育员在________可以通过缩短领餐时间、盛器采取保暖措施、分发餐食时分一组吃一组、盛饭菜的容器随时加盖等措施做好饭菜的保温。

A. 春季　　B. 春夏季

C. 秋季　　D. 秋冬季

9. 给饭菜加网罩符合________三餐保洁的原则。

A. 春季　　B. 夏季

C. 秋季　　D. 冬季

10. 保育员为婴幼儿分发菜肴应做到________。

A. 单一　　B. 因人盛菜

C. 均匀、齐全　　D. 一次分光

11. 保育员给婴幼儿分发饭菜要________。

A. 只添一次　　B. 少盛多添

C. 只盛一次　　D. 多盛少添

12. 餐食分发后的摆放，饭碗、汤碗、菜盘子分别在________。

A. 左后、前、右后　　B. 前、左后、右后

C. 左后、左、右后　　D. 前、右、左

13. 餐室内安静，同时轻声地播放轻松的音乐________婴幼儿进餐。

A. 有利于　　B. 不利于

C. 加快　　D. 减慢

14. 婴幼儿进餐时保育员应做到________。

A. 表扬吃饭快的孩子　　B. 催促吃饭慢的孩子

C. 和蔼亲切地照顾婴幼儿进餐　　D. 不边照顾进餐边扫地

15. 婴幼儿餐后漱口可以________。

A. 保护牙齿　　B. 降低患龋率

C. 保护牙齿、降低患龋率　　D. 不清楚

16. 烹饪绿叶菜时要急火快炒，以________维生素 C 的损失。

A. 减少　　B. 加快

C. 维持　　D. 不清楚

17. ________岁婴儿容易受周围事物的影响，表现出食欲时好时坏、不稳定的特点。

A. 1～2　　B. 2～3

C. 3～4　　D. 4～5

18. 婴幼儿正确的进餐姿势是________。

A. 身体坐正靠近餐桌　　B. 一手拿勺子或筷子

C. 一手扶碗专心吃饭　　D. 以上都是

19. 2～3 岁婴儿的食物应________。

A. 切细、熟软　　B. 切小片、切小丁

C. 去骨、去刺　　D. 以上都是

20. 正确的自取食物的方法是每次盛的食物________。

A. 不能太满　　B. 只拿一点儿

C. 可以很满　　D. 随便拿取

21. 保育员应该培养婴幼儿________进餐卫生习惯。

A. 饭前洗手　　B. 饭后漱口

C. 饭后擦嘴　　D. 以上都是

22. 若发现婴幼儿有挑食行为，在安排座位时可让________的孩子坐在一起，让挑食儿有个好的榜样。

A. 挑食儿和挑食　　B. 挑食儿和不挑食

C. 不挑食　　D. 无所谓

23. 幼儿园常用的饮水设备有________。

A. 保温水桶　　B. 电水壶

C. 矿泉水桶　　D. 电磁炉

24. 保温水桶应每天清洗________，每周消毒一次。

A. 一次　　B. 二次
C. 三次　　D. 四次

25. 消毒好的水杯放入杯橱时，应对照相应的标志，杯柄朝________，杯口不接触到橱壁。

A. 外　　B. 里
C. 左　　D. 右

26. 在水杯的材质选择上，可以选择耐________、耐摔的 PC、不锈钢的材质，便于消毒及幼儿的安全。

A. 低温　　B. 高温
C. 恒温　　D. 晒

27. 饮水机内部的清洗、消毒应________进行一次，有滤芯的应定期更换滤芯，并做好相关记录。

A. 每天　　B. 每周
C. 每月　　D. 每年

28. 水杯应在幼儿________清洗。

A. 来园后　　B. 喝水后
C. 午睡时　　D. 离园后

29. 喝豆浆、牛奶的水杯，由于饮品易黏附于水杯壁，应使用后________清洗消毒。

A. 30 min 内　　B. 1 h 内
C. 2 h 内　　D. 立即

30. 水杯清洁后应放在________里待消毒。

A. 水池　　B. 沥水篮
C. 杯橱　　D. 消毒柜

31. 擦拭过水桶的专用毛巾，应至少每天用蒸汽消毒________ min。

A. 10　　B. 20
C. 30　　D. 40

32. 水杯可使用________进行清洗。

A. 餐具清洗剂　　B. 碱
C. 消毒粉　　D. 消毒水

33. 水杯可以用餐具清洗剂浸泡至少________ min，然后用杯刷、流动水在专用清洗池中进行清洗。

A. 3　　B. 5

C. 10　　D. 30

34. 水是人体中含量最多的物质，一般占体重的________。

A. 40%~60%　　B. 50%~70%

C. 60%~80%　　D. 70%~90%

35. 水是人体中含量最多的物质，幼儿期约占体重的________。

A. 60%　　B. 70%

C. 80%　　D. 90%

36. 水是人体组织________的主要成分。

A. 体液　　B. 体力

C. 精神　　D. 神经

37. ________不仅能使咽喉部保持清洁和湿润，保持大便通畅，而且能保证机体新陈代谢的正常进行。

A. 饮水　　B. 吃水果

C. 喝咖啡　　D. 喝果汁

38. 婴幼儿的饮水温度一般与________温度一致。

A. 室内　　B. 室外

C. 室内或室外　　D. 体表

39. 婴幼儿冬季饮水温度应为________℃左右。

A. 20　　B. 30

C. 40　　D. 50

40. 在婴幼儿饮水前，保育员应先放空两杯水，再用________试温。

A. 手腕内侧　　B. 手腕外侧

C. 手臂　　D. 手心

41. 婴幼儿饭前、饭后________ min 之内不宜大量饮水。

A. 10　　B. 20

C. 30　　D. 40

42. 在组织婴幼儿饮水前，应保教沟通，________，分组组织婴幼儿有序洗手，避免盥洗室拥挤而出现危险。

A. 三位一体　　B. 班主任

C. 副班老师　　D. 保育员

43. 过多摄入糖分容易引起婴幼儿肥胖，罹患________、潜在糖尿病，食欲不振。

A. 龋齿　　B. 矮小

C. 发育不良　　D. 智力影响

44. 大班幼儿饮水过程中，如人多时应________排队，避免推拉、拥挤。

A. 学会自主　　B. 指导

C. 引导　　D. 帮助

45. 婴幼儿盥洗前需要准备________毛巾。

A. 擦脸　　B. 擦屁股

C. 擦嘴　　D. 擦手

46. 在婴幼儿盥洗时，保育员正确的护理是________。

A. 提醒婴幼儿不玩水　　B. 给孩子打很多泡沫

C. 甩掉手上的水滴　　D. 互相泼水

47. 盥洗室的地面应保持干燥，每次组织盥洗后，保育员都应及时将地面拖干，以防________。

A. 擦伤　　B. 割伤

C. 滑倒　　D. 烫伤

48. 在婴幼儿盥洗时，保育员的工作职责是________。

A. 指导　　B. 照顾

C. 帮助、照顾、观察　　D. 观察

49. 除夏天的其他季节，可以一周洗澡________次。

A. 1~2　　B. 2~3

C. 3~4　　D. 4~5

50. 婴幼儿可以通过饭后________方式保护牙齿。

A. 喝水　　B. 漱口

C. 含水　　D. 擦嘴

51. 下列说法错误的是________。

A. 婴幼儿要养成手脏了就洗的好习惯

B. 最容易隐藏细菌的地方是指甲缝和手指缝

C. 温水泡脚可以加快血液循环，有助于睡眠

D. 夏天每天洗澡可以清除皮肤上的细菌和污垢

52. 下列说法正确的是________。

A. 婴幼儿代谢旺盛，需要每天洗澡洗头

B. 细菌会在口腔内繁殖

C. 洗脚可以预防感冒

D. 打喷嚏或咳嗽时会喷射大量飞沫

53. 一般洗手使用________步洗手法。

A. 七　　B. 六

C. 五　　D. 四

54. 七步洗手法的步骤是________。

A. 内、外、弓、夹、大、立、腕　　B. 内、外、夹、弓、立、大、腕

C. 内、外、夹、弓、大、立、腕　　D. 内、外、弓、夹、立、大、腕

55. 保育员需要培养婴幼儿在________及时洗手的习惯。

A. 饭后　　B. 便后

C. 睡觉前　　D. 去医院前

56. 七步洗手法的第 3 步是________。

A. 掌心相对，双手交叉沿指缝相互揉搓

B. 弯曲各手指关节，双手相扣进行揉搓

C. 手心对手背沿指缝相互揉搓

D. 掌心相对，手指并拢，相互揉搓

57. 盥洗室的环境应该________。

A. 通风　　B. 湿润

C. 昏暗　　D. 干燥

58. 组织婴幼儿盥洗时，应该________进行，避免拥挤。

A. 随意　　B. 单独

C. 排队　　D. 分组

59. 尿液中的有毒物质会被________吸收，造成尿路感染。

A. 肾小球　　B. 肾小管

C. 肾小囊　　D. 肾小体

60. 对________的婴幼儿，保育员可以无需协助盥洗。

A. 年龄较小　　B. 活泼好动、自理能力强

C. 自理能力较差　　D. 容易摔倒

61. 在婴幼儿盥洗的过程中保育员需要注意________。

A. 及时补充擦手毛巾　　B. 及时增加洗手液

C. 及时消毒拖地　　D. 及时擦润肤乳

62. 婴幼儿如厕前需要准备________。

A. 湿纸巾　　B. 纸巾

C. 柔软的厕纸　　D. 餐巾纸

63. 婴幼儿如厕后，保育员应________。

A. 及时清理便器　　B. 统一清理便器

C. 不予理睬　　D. 先清理地面

64. 保育员需要提醒婴幼儿在如厕时________。

A. 不交头接耳　　B. 争抢蹲位

C. 排一个队伍　　D. 讲笑话

65. 为了方便婴幼儿拿取厕纸，可以将厕纸________。

A. 平铺　　B. 抖松

C. 团起　　D. 叠起

66. 下列说法错误的是________。

A. 可以帮助托、小班孩子脱裤子

B. 可以抱着能力较弱的孩子如厕

C. 可以帮助托、小班孩子擦屁股

D. 可以鼓励托、小班孩子使用蹲便

67. 睡眠中人体________可以大量分泌生长素。

A. 脑垂体　　B. 大脑

C. 小脑　　D. 下丘脑

68. 当孩子慢慢适应新环境后，可________，直至孩子能够独立入睡。

A. 增加陪伴次数　　B. 逐渐减少陪伴次数

C. 不用陪伴　　D. 让其单独入睡

69. 下列________不属于睡眠环境准备的内容。

A. 提前拉上窗帘，保持室内光线柔和

B. 根据室温开启空调，注意观察室温、调整风向等

C. 播放轻柔温和的音乐，提前拉上窗帘

D. 使室内光线阴暗，更适宜入睡

70. 夏季使用空调降温时应注意温度不要设置太低，以与室外温度相差不超过________℃为宜。

A. 5　　B. 10

C. 15　　D. 20

71. 关于婴幼儿优质睡眠“三不要”照护原则，以下表述错误的是________。

A. 不要依赖拍抱或摇晃等安抚方式让婴幼儿入睡

B. 不要让婴幼儿只有在喂奶后才能入睡

C. 不要过度干扰婴幼儿睡眠

D. 不要在婴幼儿犯困时放在床上

72. 排尿习惯训练不当是婴幼儿遗尿的原因之一。有些家长不注意对婴幼儿的大小便进行训练，长期使用尿布，夜间也不提醒孩子排尿，久而久之，使孩子________。

A. 不会排尿　　B. 不能养成自己控制排尿的习惯

C. 需要成人帮助进行排尿排便　　D. 无法脱离大人帮助排尿

73. 婴幼儿遗尿后保育员正确的操作程序是________。

A. 抱到干净的床上→唤醒孩子→换上干净的衣裤→安抚再次入睡→及时处理（拆洗）污染衣裤、被褥

B. 唤醒孩子→及时处理（拆洗）污染衣裤、被褥→换上干净的衣裤→抱到干净的床上→安抚再次入睡

C. 唤醒孩子→抱到干净的床上→换上干净的衣裤→安抚再次入睡→及时处理（拆洗）污染衣裤、被褥

D. 唤醒孩子→换上干净的衣裤→抱到干净的床上→安抚再次入睡→及时处理（拆洗）污染衣裤、被褥

74. 对于年龄较小和________的婴幼儿一般可先安排入睡。

A. 易哭闹　　B. 体质弱

C. 活泼　　D. 好动

75. 采用推测的方法确定婴幼儿尿床的具体时间，可按照喝水后大约半个小时的排尿规律，在婴幼儿上床________，将手伸进被褥试探婴幼儿是否尿床并做好记录。

A. 25 min 左右　　B. 30 min 左右

C. 35 min 后　　D. 40 min 后

76. 白天婴幼儿的活动量________，应养成早睡早起的作息规律，这样可以使婴幼儿的神经系统保持相对安静，有利于睡眠和适时排尿。

A. 应当增强　　B. 不宜过大

C. 不宜过小　　D. 应当减少

77. ________不属于睡前指导内容。

A. 指导入睡前脱衣　　B. 指导叠放衣服、鞋子

C. 提醒幼儿小便　　D. 指导叠被

78. 入睡前除了做好物品准备，还要做________准备。

A. 心理　　B. 生理

C. 机体　　D. 全身

79. 除了餐后散步，________会让孩子觉得温暖，充分做好睡前的准备。

A. 喝牛奶　　B. 讲睡前故事

C. 做游戏　　D. 唱歌

80. ________不属于睡眠中安全检查的内容。

A. 入睡前检查床铺　　B. 检查口腔

C. 提醒发饰取下放入固定容器中　　D. 即脱即睡

81. 安排床位时，全体婴幼儿应做到________。

A. 头朝一个方法睡　　B. 统一方向睡

C. 头脚交叉睡　　D. 脚与脚相对睡

82. 睡眠时机体的________缓慢。

A. 血液循环　　B. 骨骼生长

C. 新陈代谢　　D. 呼吸代谢

83. 一般________孩子应安排在背风处。

A. 怕热的　　B. 体弱的

C. 咳嗽的　　D. 好动的

84. 睡前可以组织婴幼儿进行一些________的活动，上床前提醒婴幼儿排尿。

A. 比较激烈　　B. 增加运动量

C. 有趣热闹　　D. 相对安静

85. ________可以很好地降低睡眠过程中的不安全因素。

A. 睡前检查　　B. 餐前漱口

C. 餐后散步　　D. 室内打扫

86. 睡眠不足会影响________的增长。

A. 体重　　B. 身高

C. 头围　　D. 胸围

87. ________不属于睡眠物质环境准备的内容。

A. 保持睡眠室安静　　B. 通风

C. 保持适宜的温湿度　　D. 开灯

88. 认真做好午睡巡回护理，至少每________巡视一次。

A. 5 min　　B. 15 min

C. 20 min　　D. 任意时间

89. 物品管理包括对班级的________物品的管理。

A. 玩具、教具　　　　B. 图书

C. 其他用具、婴幼儿的被褥等　　　　D. 以上都对

90. 保育员要做好________物品管理工作。

A. 每件物品的登记入册　　　　B. 正常使用和保养维修记录

C. 定时清点　　　　D. 以上都对

91. 托幼机构中所有公共财物都应该分类登记造册，记录________，以便定时清点管理。

A. 物品数量、采购日期和使用人　　　　B. 物品数量、采购日期和采购人

C. 物品数量、采购日期和条形码　　　　D. 物品数量、采购人和条形码

92. 床具的摆放应便于保教人员巡视或处理突发情况，遵循________原则摆放。

A. 并排床位不超过 2 个，相接床位不超过 4 个

B. 两床之间的通道不小于 0.3 m

C. 从安全角度，小床不应紧贴外墙的窗户，且距离不应小于 0.4 m

D. 以上都是

93. 有些幼儿园因设计结构的限制，没有午睡房的空间，因此会使用________的小床。

A. 单个　　　　B. 堆叠式

C. 连排　　　　D. 上下式

94. 床具的消毒频率是________。

A. 一天一次　　　　B. 一天两次

C. 一学期一次　　　　D. 一周一次

95. 在擦拭床具过程中应同时检查床的螺丝是否有松动，如果发现问题________保证床铺使用时的安全。

A. 须及时上报相关负责人，由负责人派专人维修

B. 须自行维修

C. 不用理会

D. 报告教师

96. 发现婴幼儿午睡被子过厚或者过薄，保育员应该________。

A. 家长带什么就盖什么　　　　B. 与教师沟通，再由教师与家长沟通

C. 坚决退回给家长换合适的被子　　　　D. 直接告知家长

97. 一般情况下，被子带回家清洗晾晒的频率是________。

A. 每周一次　　　　B. 两周一次

C. 一个月一次　　　　D. 每周两次

98. 婴幼儿的衣物、书包等摆放时要求做到________。

A. 整齐　　B. 易拿取

C. 标识清晰　　D. 以上都需要

99. 婴幼儿的校服或书包等，如果是定制的，需要注意________。

A. 应做好标记，以便于区别认领　　B. 反正都一样，错了也没关系

C. 不用理会　　D. 直接告知家长

100. 玩具、运动器械等应________。

A. 按标识摆放　　B. 摆放整齐、有序

C. 便于拿取和保管　　D. 以上都正确

101. 对新购入的玩具应关注玩具的________信息，仔细、如实地登记。

A. 玩具名称、数量　　B. 材质或品牌

C. 颜色、质量、购入日期等　　D. 以上都是

102. 玩具柜、运动器械的消毒频率是________。

A. 一天一次　　B. 两天一次

C. 三天一次　　D. 一周一次

103. 教学用品和日常生活用品，应做到________。

A. 放置在婴幼儿接触不到的安全的地方

B. 本着节约的原则进行领取和使用

C. 以上都对

D. 以上都不对

104. 婴幼儿入园带来的贵重物品、玩具、图书、零食等，应________。

A. 先暂时保管　　B. 放在固定位置

C. 待其回家时归还　　D. 以上都对

105. 婴幼儿自带的危险品包括________。

A. 硬币、豆子　　B. 花生米、小纽扣

C. 别针、玻璃球、小珠子、小刀　　D. 以上都是

106. 每天清洁、整理时，发现玩具安全隐患应该________。

A. 及时报修　　B. 拿到安全地方等待修理或处理

C. 以上都对　　D. 不予理会

107. 床单被褥每两周进行一次打包，由________带回清洗。

A. 家长　　B. 保育员

C. 教师　　D. 孩子

108. 对玩具做安全检查时，同时将实物与记录核对，如出现实物与账册不符合应________处理。

A. 及时查找原因　　B. 询问教师如何处理

C. 质问孩子　　D. 以上都不对

109. 关于对教室内的墙面、地板、天花板、门窗、供暖设备、上下水管道、家具（桌椅）、电器（电风扇、插座等）进行安全检查，下列说法正确的是________。

A. 设备使用情况是维修员的事情，保育员不需要检查其安全

B. 保育员有责任检查教室环境的安全

C. 保育员只管检查，不用理会

D. 以上都不对

110. 教师水杯建议使用________材质。

A. 塑料、不锈钢　　B. 陶瓷

C. 玻璃　　D. 以上都不对

参考答案及说明

一、判断题

1. √	2. √	3. ×	4. √	5. ×	6. ×	7. √	8. √	9. ×	10. √
11. √	12. √	13. ×	14. ×	15. √	16. √	17. √	18. √	19. √	20. √
21. √	22. ×	23. ×	24. √	25. ×	26. ×	27. √	28. √	29. ×	30. ×
31. ×	32. √	33. √	34. √	35. ×	36. ×	37. ×	38. √	39. √	40. √
41. ×	42. √	43. √	44. ×	45. √	46. √	47. √	48. √	49. ×	50. ×
51. √	52. ×	53. √	54. √	55. √	56. ×	57. √	58. ×	59. √	60. ×
61. √	62. ×	63. √	64. √	65. √	66. √	67. ×	68. √	69. ×	70. ×
71. √	72. ×	73. √	74. √	75. √	76. ×	77. ×	78. ×	79. √	80. ×
81. √	82. √	83. √	84. √	85. √	86. √	87. √	88. √	89. √	90. √

【说明】

3. ×　为婴幼儿准备的饭菜应该营养全面、均衡，注意色、香、味、细软和多样化。

5. ×　餐前桌面消毒时擦拭的顺序是从左到右、从上到下，不留天窗，再四边四角。

6. ×　餐桌用消毒液擦拭后，过 20 min 用净水毛巾擦拭。

9. ×　餐具的正确摆放位置是碗正对着椅子。

13. ×　保育员提高婴幼儿进餐兴趣的方法应从树立榜样和介绍饭菜的营养特点入手。

14. × 喝汤端碗的正确姿势是双手端碗。

22. × 保温水桶须用专用毛巾、餐具清洗剂、流动水清洗，由内向外，先从上往下洗桶内壁，再洗外壁四周及盖子、壶嘴，清洗并冲洗干净。再倒适量开水，晃动水桶，冲洗桶内壁，打开水龙头放水冲洗桶嘴。

23. × 饮水与婴幼儿健康关系密切。因为婴幼儿时期是其生理和心理迅速发育的时期，但抵抗疾病的能力较弱，容易受到外界病原体的侵入而致病。

25. × 气温、活动量大小、饮食结构、身体状况等因素都会影响婴幼儿对水的需求。

26. × 婴幼儿多喝温开水，能消除疲劳，提高机体抵抗疾病的能力。

29. × 托、小班孩子饮水后，保育员应引导其放好水杯。

30. × 在婴幼儿活动时，应观察其表现，对有大量出汗的孩子，可让其暂停活动，待呼吸平稳后，鼓励他少量多次喝水。

31. × 婴幼儿打翻水杯后，应该给他用备用水杯，以达到一人一水杯的目的。

35. × 根据班级人数分组洗手，每组不超过 8 人。

36. × 托班孩子的水杯可以使用小动物进行标识，一般托班孩子还不能认识自己的名字。

37. × 盥洗前，保育员需要备足消毒的擦手毛巾及洗手液，固定于方便拿取的位置。

41. × 七步洗手法的步骤是内、外、夹、弓、大、立、腕。

44. × 婴幼儿有很强的可塑性，保育员可以针对他们在盥洗过程中出现的问题或不良的习惯给予及时的纠正，并用正确的行为目标进行强化。

49. × 中班、大班幼儿蹲厕时，要指导其将双脚分别站立在便池的两侧，双腿劈开，将裤子脱至膝盖处。

50. × 冬天婴幼儿如厕后，应将内衣塞进裤腰里，不露肚脐和后背。

52. × 女孩大便用两张纸，一张从外阴部往前擦，擦拭残留尿液；另一张从肛门往后擦，擦净大便。

56. × 对需要睡觉时间较长、脱衣动作较慢的孩子，或年龄较小、体质较弱的孩子，保育员应组织他们提前上床。

58. × 安抚婴幼儿入睡时可尝试坐在床边、轻轻拍、陪伴入睡等方法，使其对新环境产生安全感，从安全问题考虑不允许带安抚物入园陪同婴幼儿入睡。

60. × 婴幼儿入睡后，值班的保育员不能撤离睡眠室，要认真做好巡回护理，至少每 15 min 巡视一次。

62. × 婴幼儿不要站在床上穿脱衣。

67. × 培养婴幼儿正确的睡眠姿势，鼓励婴幼儿侧卧或仰卧。

69. ×　睡眠不足会影响身高的增长。

70. ×　睡眠时能量消耗减少。

72. ×　穿脱衣对婴幼儿来说，脱比穿更容易学。

76. ×　婴幼儿被子过厚或过薄，应先与教师沟通，由教师与家长沟通再做决定。

77. ×　床单和被褥等每两周进行打包，由家长带回清洗。

78. ×　从安全角度，婴幼儿的小床不应紧贴外墙的窗户，且距离不应小于 0.4 m。

80. ×　若家长或婴幼儿将衣物弄乱，应将其摆放好，让家长和婴幼儿感受到幼儿园的干净和整齐，从而爱惜老师的劳动成果。

二、单项选择题

1. B	2. D	3. C	4. B	5. A	6. D	7. B	8. D	9. B	10. C
11. B	12. B	13. A	14. C	15. C	16. A	17. B	18. D	19. D	20. A
21. D	22. B	23. A	24. A	25. A	26. B	27. C	28. D	29. D	30. D
31. C	32. A	33. A	34. C	35. C	36. A	37. A	38. A	39. C	40. A
41. C	42. A	43. A	44. A	45. D	46. A	47. C	48. C	49. B	50. B
51. B	52. D	53. A	54. C	55. B	56. D	57. D	58. D	59. B	60. B
61. A	62. C	63. A	64. A	65. A	66. B	67. A	68. C	69. D	70. A
71. D	72. B	73. D	74. B	75. D	76. B	77. D	78. A	79. B	80. D
81. C	82. C	83. B	84. D	85. A	86. B	87. D	88. B	89. D	90. D
91. A	92. E	93. B	94. A	95. A	96. B	97. B	98. C	99. A	100. D
101. D	102. A	103. C	104. D	105. D	106. C	107. A	108. A	109. B	110. A

技能操作辅导练习题

【题目 1】为婴幼儿分发餐食

1. 考场准备

（1）本题分值：10 分。

（2）考核时间：15 min。

（3）考核形式：模拟操作+口述。

（4）设备设施准备：餐车 1 辆、熟食盛器 1 个、汤桶 1 只、盛饭勺 1 把、盛菜勺 1 把、汤勺 1 把、不锈钢碗若干、不锈钢小菜碟若干。

2. 考核要求及注意事项

（1）考生口述环境准备、个人准备，演示餐食准备、分发、餐具摆放的具体操作步骤，口述注意事项。

（2）按考核要点要求依次进行，时间一到立即停止操作，操作超过10 min本题零分。

3. 考核目的

保育人员应掌握一般进餐照护及有特殊需要儿童进餐照护的能力。

4. 评分项目及标准

评分项目	考核要点	配分	评分标准
1. 口述餐前准备	（1）环境准备：温湿度适宜、明亮、安全、避免对流风（0.5分） （2）个人准备：着装整洁、戴工作帽和口罩（0.5分）	1分	错、漏一项扣0.5分
2. 演示餐具摆放	（1）使用小碗时，三个碗呈倒三角放置，即饭碗在前，汤碗在左后，菜碗在右后（1分） （2）如果使用餐盘，餐盘盛米饭的一格朝向幼儿（1分）	2分	未正确操作演示、漏项，每项扣相应分值
3. 演示分发餐食	（1）将米饭捣松；盛汤前用汤勺搅拌，使汤和菜混合（1分） （2）按顺序分发：蔬菜、荤菜、饭、汤（0.5分） （3）分发时轻拿轻放，分发过程中保育员的手不能接触食物（0.5分） （4）按照公平对待、少盛多添的原则，吃一桌发一桌（1分） （5）饭菜和汤不要盛得太满，通常盛到饭碗的2/3处即可（1分） （6）体弱儿先发，肥胖儿最后发，病号菜、营养菜分发到位（1分）	5分	未正确操作演示、漏项，每项扣相应分值
4. 口述注意事项	（1）对食物过敏婴幼儿的饭菜必须确认不包含致敏食物；注意饭菜的温度，做到冬暖夏温凉（1分） （2）保育员给孩子递送饭菜或汤时，不能从孩子的头顶越过，要从其面前递送，且高度以孩子视线以下为宜（1分）	2分	错误、漏项，每项扣相应分值
合计		10分	

【题目2】餐后护理

1. 考场准备

（1）本题分值：10分。

（2）考核时间：15 min。

（3）考核形式：模拟操作+口述。

（4）设备设施准备：擦嘴毛巾1块、漱口桶1只、温度适宜的漱口水1杯。

2. 考核要求及注意事项

（1）考生口述环境准备、个人准备，演示餐后护理、饭后漱口、擦脸擦嘴的操作步骤，口述注意事项和与餐后漱口的儿歌《漱口》（考生也可自编）。

（2）按考核要点要求依次进行，时间一到立即停止操作，操作超过10 min本题零分。

3. 考核目的

保育人员应了解餐后漱口的重要性，并能指导婴幼儿正确漱口、擦嘴。

4. 评分项目及标准

评分项目	考核要点	配分	评分标准
1. 口述漱口前准备	（1）环境准备：温湿度适宜、明亮、安全、避免对流风（1分） （2）个人准备：着装整洁、修剪指甲、清洁双手（1分）	2分	错、漏一项扣1分
2. 演示漱口方法	（1）咽下最后一口饭后，用水杯接适量温水，连漱三次（1分） （2）喝口水含在嘴里，用力鼓腮，然后鼓动两腮。需鼓漱多次，使漱口水与牙齿、牙龈及口腔黏膜表面充分接触（2分） （3）漱后身体蹲下来对准漱口桶吐水（1分）	4分	未正确操作演示、漏项，每项扣相应分值
3. 演示擦脸方法	双手拿餐后小毛巾，从嘴角两边向中间擦；对折，再擦脸；再对折，擦手；把使用后的毛巾分开放在指定毛巾筐中（1分）	1分	未正确操作演示、漏项，每处扣0.5分，扣完为止
4. 口述注意事项	（1）漱口水温度要适宜（1分） （2）做好冬季的保温，并提供润肤油（1分）	2分	错、漏一项扣1分
5. 儿歌	儿歌《漱口》：手拿小水杯，喝口清清水。抬起头，闭上嘴。咕噜咕噜，吐出水（可口述）（1分）	1分	未正确操作演示、漏项，每处扣0.5分，扣完为止
合计		10分	

【题目3】婴幼儿良好进餐习惯培养

1. 考场准备

（1）本题分值：10分。

（2）考核时间：15 min。

（3）考核形式：模拟操作+口述。

（4）设备设施准备：餐桌1张、椅子1把、勺1把、筷子1双。

2. 考核要求及注意事项

（1）考生口述环境准备、个人准备，口述适时引导、树立榜样等培养良好进餐习惯的方法，操作演示进餐使用勺子、筷子的具体操作步骤，口述注意事项。

（2）按考核要点要求依次进行，时间一到立即停止操作，操作超过10 min本题零分。

3. 考核目的

保育人员能指导婴幼儿形成良好的进餐习惯。

4. 评分项目及标准

评分项目	考核要点	配分	评分标准
1. 口述准备工作	（1）环境准备：温湿度适宜、明亮、安全、避免对流风（0.5分） （2）个人准备：着装整洁、修剪指甲、清洁双手（0.5分）	1分	错、漏一项扣0.5分
2. 口述培养方法	（1）适时引导：进餐中，保育员用语规范、态度和蔼，给孩子们创造一个愉快的进餐环境，引导孩子们不挑食、不偏食；指导孩子们独立进餐，不吃汤泡饭，能将水果皮、虾壳、骨头等残渣放入骨盆中；吃完自己餐具中的饭菜并咽下最后一口饭菜才能离开座位；进餐结束后将自己的餐具分类放置到规定的回收点等（1.5分） （2）树立榜样：发现孩子有挑食行为，进餐安排座位时让其和不挑食的孩子坐在一起（0.5分） （3）进餐指导 基本习惯：餐前先小便再洗手；保持正确的进餐坐姿和进食习惯（身体靠紧桌子，一手扶碗、一手拿勺，一口饭一口菜，最后再喝汤）；知道饭后要漱口、擦嘴，并把毛巾、碗、勺、筷子放到指定地方（1分） 小班：会咀嚼，不挑食；知道将杂物（骨头、壳等）放在碗边的桌子上，初步做到盘碗、桌面、地面三干净（1分） 中班：初步学会使用筷子；能基本保持盘碗、桌面、地面三干净；不挑食、不剩饭（1分） 大班：能安静有序入座；能安静、自主用餐，不剩饭不剩菜；各种食物都要吃，不挑食；保持盘碗、桌面、地面三干净（1分）	6分	错、漏一项扣相应分值
3. 演示使用饭勺的方法	手握住离勺柄上端约1/3处，不要满把攥，而是用大拇指、食指和中指三个手指头捏住勺柄（1分）	1分	未正确操作演示、漏项，每处扣0.5分，扣完为止
4. 演示使用筷子的方法	用拇指和食指夹住两根筷子的上部约1/3处，将下面一根筷子的底部靠在无名指上用拇指压牢，再用食指和中指的指尖夹住上面一根筷子，使用时只需要活动中指和食指（1分）	1分	未正确操作演示、漏项，每处扣0.5分，扣完为止
5. 口述注意事项	（1）不强迫孩子进食（0.5分） （2）孩子进餐时不批评、不催促、不比赛（0.5分） （3）饭前或饭后不剧烈运动，饭后组织孩子们做安静的活动或户外散步（0.5分）	1分	错、漏每项扣0.5分，扣完为止
合计		10分	

【题目4】饮水准备

1. 考场准备

（1）本题分值：10分。

（2）考核时间：5 min。

（3）考核形式：模拟操作+口述。

（4）设施设备准备：洗手液 1 瓶、已消毒的擦手毛巾 1 块、接流动水的水龙头 1 个、保温水桶 1 只、40 ℃左右的温开水若干、锁 1 把、干拖把 1 把、小椅子 1 把、已消毒的杯橱 1 只。

2. 考核要求及注意事项

（1）考生口述环境准备、个人准备，操作演示为婴幼儿准备饮水、组织婴幼儿饮水等。

（2）按考核要点要求依次进行，时间一到立即停止操作。

3. 考核目的

保育人员熟练掌握如何为婴幼儿创设良好的饮水环境，保证饮水安全。

4. 评分项目及标准

评分项目	考核要点	配分	评分标准
1. 口述准备工作	（1）环境准备：温湿度适宜、明亮、安全、避免对流风（0.5 分） （2）个人准备：着装整洁、修剪指甲（0.5 分）；用流动水、洗手液清洁双手，并用擦手毛巾擦干（0.5 分）	1.5 分	错、漏一处扣 0.5 分
2. 准备水	（1）拿取清洗消毒过的保温水桶（1 分） （2）加入 40 ℃左右温开水，经手腕内侧试温（1 分） （3）保温水桶上锁，放在婴幼儿的活动区之外（1 分）	3 分	错、漏一项扣 1 分
3. 准备水杯及椅子	（1）一人一杯，专人专用（1 分） （2）取放水杯时，手应握杯柄，不接触杯口，杯柄朝外（1 分） （3）按橱柜内的标识放置在消毒好的杯橱内（1 分） （4）饮水区可准备若干小椅子（1 分）	4 分	错、漏一项扣 1 分
4. 口述注意事项	（1）天气寒冷的季节，注意饮水的保温，确保饮水温度的适宜，一般在 40 ℃左右（0.5 分） （2）在接水前，先放空两杯水，将水龙头和水嘴进行冲洗，并试温（0.5 分） （3）保持地面干燥，如有水渍，立即用干拖把拖干（0.5 分）	1.5 分	错、漏一项扣 0.5 分
合计		10 分	

【题目 5】保温水桶的清洁

1. 考场准备

（1）本题分值：10 分。

（2）考核时间：5 min。

（3）考核形式：模拟操作+口述。

（4）设备设施准备：保温水桶、保温水桶专用毛巾、餐具清洗剂、流动水、开水。

2. 考核要求及注意事项

（1）考生口述物品准备、个人准备，演示清洁前工作、清洁过程，口述注意事项。操作顺序要求由内向外、从上到下，不随意擦拭。

（2）按考核点要求依次进行，时间一到立即停止操作。

3. 考核目的

保育人员熟练掌握保温水桶的清洁方法，保障饮水安全。

4. 评分项目及标准

评分项目	考核要点	配分	评分标准
1. 口述准备工作	（1）物品准备：保温水桶、保温水桶专用毛巾、餐具清洗剂、流动水、开水（0.5分） （2）个人准备：着装整洁、修剪指甲、清洁双手（0.5分）	1分	错、漏一项扣0.5分
2. 演示清洁前工作	去除水桶里的剩余水（1分）	1分	错、漏扣1分
3. 演示清洁过程	（1）选用保温水桶专用毛巾、餐具清洗剂清洗（2分） （2）由内向外，从上到下，先清洁桶内壁再清洁外壁四周及盖子、水嘴，先擦拭后冲洗干净（2分） （3）再倒适量开水，晃动水桶，冲洗桶内壁并用水龙头放水冲洗（2分）	6分	错、漏一项扣2分
4. 口述注意事项	（1）保温水桶专用毛巾使用后每天清洁、蒸汽消毒（1分） （2）蒸气消毒时间为冒气后至少持续半小时（1分）	2分	错、漏一项扣1分
合计		10分	

【题目6】组织婴幼儿饮水

1. 考场准备

（1）本题分值：10分。

（2）考核时间：5 min。

（3）考核形式：模拟操作+口述。

（4）设备设施准备：温度适宜且足量的水，一人一水杯。

2. 考核要求及注意事项

（1）注意饮水卫生及安全。

（2）口述对不同年龄婴幼儿的饮水指导要点，演示帮助、指导、组织婴幼儿饮水。

（3）按考核点要求依次进行，时间一到立即停止操作。

3. 考核目的

保育人员熟练组织不同年龄段婴幼儿饮水，根据情况给予不同程度的指导。

4. 评分项目及标准

评分项目	考核要点	配分	评分标准
1. 口述提出饮水要求	（1）卫生要求：注意手部卫生，饮水前用洗手液和流动水清洁双手后再饮水（0.5分） （2）接水要求：拿取自己的水杯，每次接半杯，喝完再接，尽可能喝足量，不浪费水（0.5分） （3）安全要求：在盥洗室洗手时，应分组洗手，不拥挤、不推搡。接水时，有序排队。饮水时不说话、不吵闹，有序不拥挤，避免水洒到衣服上或地上（1分）	2分	错、漏一项扣相应分值
2. 口述组织饮水前分组洗手	每组不超过8人，提醒孩子们使用洗手液、流动水洗手，冲洗干净，使用消毒的擦手毛巾擦干双手（1分）	1分	错、漏一处扣0.5分，扣完为止
3. 演示组织拿取自己的水杯	（1）帮助或指导托班、小班孩子按标识拿取自己的水杯，教育孩子认识自己的水杯位置，拿杯时要手握住杯柄（1分） （2）指导中班、大班孩子自主按标识拿取水杯（1分）	2分	错、漏一项扣1分
4. 演示帮助、指导按需饮水	（1）分组洗手后，帮助或指导洗好手的托班、小班孩子拿取水杯后排队接水。由于孩子年龄较小，为避免水洒在身上，可先接小半杯水，喝完再接（1分） （2）在旁指导中班、大班幼儿自己接水，提醒他们有序排队，不要接水过满，每次接半杯，按需要喝完再接（1分）	2分	错、漏一项扣1分
5. 演示组织分批或有序饮水	（1）接水后，引导孩子们坐在自己的小椅子上或在喝水区域有序喝水（0.5分） （2）饮水后，需将水杯放回原处，杯柄朝外，杯口不碰触到杯橱壁，杯子与杯子之间不碰触（0.5分）	1分	错、漏一项扣0.5分
6. 口述不同年龄婴幼儿的饮水指导要点	小、中、大班随机抽取一个年龄段 小班： （1）认识自己水杯标识，知道喝多少放多少，放完水关上水龙头，不浪费水（0.5分） （2）拿好水杯关闭杯橱门（0.5分） （3）使用时保持水杯清洁，喝水时不说笑、不打闹（0.5分） （4）坐在自己位子上喝水，喝完把杯子放回原处（0.5分） 中班： （1）认识自己水杯标识或姓名，拿好水杯关闭杯橱门（0.5分） （2）知道喝多少放多少，放完水关上水龙头，不浪费水（0.5分） （3）知道取水时要有秩序，要等待，要谦让（0.5分） （4）保持水杯清洁，喝水时不说笑、不打闹，喝完把杯子放回原处（0.5分） 大班： （1）认识自己水杯，拿好水杯关闭杯橱门（0.5分） （2）喝多少放多少，放完水关上水龙头，懂得节约用水（0.5分） （3）自主排队，避免推拉、拥挤（0.5分） （4）使用时保持水杯清洁，喝完把杯子放回原处（0.5分）	2分	错、漏一项扣相应分值
合计		10分	

【题目 7】盥洗前的准备与幼儿刷牙指导

1. 考场准备

（1）本题分值：10 分。

（2）考核时间：5 min。

（3）考核形式：模拟操作+口述。

（4）设备设施准备：不锈钢小菜碟 1 只、擦手毛巾 1 条、干净毛巾筐 1 个、脏毛巾篮 1 个、洗手液 1 瓶、幼儿牙刷 1 把、儿童含氟牙膏 1 支、漱口杯 1 个。

2. 考核要求及注意事项

（1）考生口述环境准备、个人准备、幼儿刷牙漱口的意义，演示为婴幼儿盥洗前所需要的擦手毛巾的准备、洗手液的准备和幼儿刷牙五步法具体操作步骤。

（2）按考核要点要求依次进行，时间一到立即停止操作。

3. 考核目的

保育人员熟悉盥洗前的准备与幼儿的刷牙指导，能够使用恰当的方式指导幼儿刷牙。

4. 评分项目及标准

评分项目	考核要点	配分	评分标准
1. 口述准备工作	（1）环境准备：温湿度适宜、明亮、安全、避免对流风（0.5 分） （2）个人准备：着装整洁（0.5 分）、修剪指甲（0.5 分）、清洁双手（0.5 分）	2 分	错、漏一处扣 0.5 分
2. 演示盥洗准备——擦手毛巾、洗手液准备	（1）使用专用水池或洗衣机清洗，不与其他毛巾混合，一用一清洗（0.5 分） （2）将消毒的擦手毛巾对折，依次叠放整齐，放于干净毛巾筐中，将脏毛巾筐固定于一处（0.5 分） （3）检查洗手液是否充足，及时添加更换（0.5 分） （4）将洗手液固定于一处，整齐摆放（0.5 分）	2 分	错、漏一项扣 0.5 分
3. 口述幼儿刷牙漱口的意义	（1）刷牙、饭后漱口可以及时地将口腔内的食物残渣清除掉，避免因食物残渣在口腔内存留时间过长而引发牙患（1 分） （2）刷牙、漱口可以有效预防龋齿，保护婴幼儿牙齿健康（1 分）	2 分	错、漏一项扣 1 分
4. 演示幼儿刷牙五步法	（1）第一步为挤牙膏，可以选择含氟的牙膏，牙膏量在黄豆大小即可（1 分） （2）第二步和第三步分别是清洁上排牙内外侧和清洁下排牙内外侧，需要将牙刷与牙龈交接的地方对准，在刷上颌部的牙齿时将牙刷刷毛面朝上，在刷下排的牙齿时需要将刷毛朝下，牙刷与牙齿的角度在 45°~60°，同时刷毛需要向牙齿的方向轻轻下压（1 分） （3）第四步是清洁牙齿咬合面，将刷毛贴向咬合面，在咬合面做来回运动，上下都要仔细清洁（1 分） （4）第五步是漱口，刷完牙后进行漱口，将牙膏漱干净即可（1 分）	4 分	错、漏一项扣 1 分
合计		10 分	

【题目8】盥洗管理与指导

1. 考场准备

（1）本题分值：10分。

（2）考核时间：5 min。

（3）考核形式：模拟操作+口述。

（4）设备设施准备：毛巾1条、洗手液1瓶、香皂1块。

2. 考核要求及注意事项

（1）考生口述环境准备、个人准备、物品准备及注意事项，演示盥洗管理与指导的具体工作内容。

（2）按考核要点要求依次进行，时间一到立即停止操作。

3. 考核目的

保育人员掌握婴幼儿盥洗中不同情况的保育方法。

4. 评分项目及标准

评分项目	考核要点	配分	评分标准
1. 口述准备工作	（1）环境准备：温湿度适宜，明亮，安全，避免对流风（0.5分） （2）个人准备：着装整洁（0.5分）、修剪指甲（0.5分）、清洁双手（0.5分） （3）物品准备：足够的擦手毛巾及洗手液（0.5分）	2.5分	错、漏一处扣0.5分
2. 演示盥洗管理与指导	（1）组织婴幼儿分批或有序盥洗：要求按顺序或分组进行，以免因人多拥挤而发生意外，引导婴幼儿逐步养成安静、有序的盥洗习惯（1分） （2）协助婴儿或较小幼儿盥洗：在一旁协助，如洗手时帮助挽袖口、擦香皂或洗手液，洗完后协助用毛巾擦干等（1分） （3）监督指导盥洗：在盥洗过程中对出现的问题或幼儿的不良习惯给予及时的纠正，并用正确的行为目标进行强化（1分）	3分	错、漏一项扣1分
3. 演示盥洗室清洁整理	婴幼儿盥洗完毕，及时将盥洗室地面的水渍擦干，以防婴幼儿滑倒摔伤（1分）	1分	错、漏扣1分
4. 口述盥洗注意事项	（1）创设良好的盥洗教育环境，通过创设公共区域的环境，发挥公共区域的教育功能（1分） （2）采用生动有趣的教育形式，培养幼儿的良好盥洗习惯（1分） （3）教会婴幼儿秋冬季的皮肤护理——搽润肤露（0.5分） （4）及时补充擦手毛巾，定期检查洗手液、香皂的余量（0.5分） （5）地上有水渍时及时擦干，避免婴幼儿滑倒（0.5分）	3.5分	错、漏一项扣相应分值，扣完为止
合计		10分	

【题目9】婴幼儿良好盥洗习惯培养

1. 考场准备

（1）本题分值：10分。

（2）考核时间：5 min。

（3）考核形式：口述。

2. 考核要求及注意事项

（1）考生口述环境准备、个人准备及婴幼儿良好盥洗习惯培养的具体方法。

（2）按考核点要求依次进行，时间一到立即停止操作。

3. 考核目的

保育人员掌握正确的盥洗习惯，为婴幼儿做出正确的示范，根据情况给予不同程度的指导。

4. 评分项目及标准

评分项目	考核要点	配分	评分标准
1. 准备工作	（1）环境准备：温湿度适宜、明亮、安全、避免对流风（0.5分） （2）个人准备：着装整洁（0.5分）、修剪指甲（0.5分）、清洁双手（0.5分）	2分	错、漏一处扣0.5分
2. 洗手习惯培养	（1）洗手习惯：饭前便后要洗手，户外活动结束后要洗手，从医院出来要洗手，打喷嚏或咳嗽后要洗手（1分） （2）洗手指导：指导婴幼儿洗手前先将袖口挽起，并轻轻打开水龙头，浸湿手心、手背以及手腕，挤适量洗手液，运用七步洗手法揉搓双手（1分）	2分	错、漏一处扣0.5分，扣完为止
3. 刷牙、漱口习惯培养	（1）早晚刷牙、饭后漱口，正确刷牙（1分） （2）刷牙、漱口，可以及时地将口腔内的食物残渣清除掉，避免因食物残渣在口腔内存留时间过长而引发牙患；可有效预防龋齿，保护婴幼儿牙齿健康（1分）	2分	错、漏一项扣1分
4. 洗脸、洗头、洗澡、洗脚、洗屁股习惯培养	（1）每天洗脸、洗头、洗澡，对身体进行全面的“大扫除”，使皮肤和头发保持清洁、干爽（1分） （2）每天洗脚、洗屁股，保持皮肤的清洁、卫生，可有效预防各种疾病；可加快血液循环，减轻身体疲劳，有助于睡眠，预防感冒（1分）	2分	错、漏一项扣1分
5. 其他盥洗习惯	勤剪指甲、勤理发、勤换衣（1分）	1分	错、漏一处扣0.5分，扣完为止
6. 注意事项	坚持每天、每件事有针对性地进行教育引导，利用好每一次教育机会；为婴幼儿做出正确的示范；适时进行帮助，不要歧视掌握慢的孩子（1分）	1分	错、漏一处扣0.5分，扣完为止
合计		10分	

【题目 10】指导婴幼儿独立就寝

1. 考场准备

（1）本题分值：10 分。

（2）考核时间：5 min。

（3）考核形式：模拟操作+口述。

（4）设施设备准备：小床 2 张，被褥套，睡衣 1 套，空调遥控器 1 个，模拟娃娃 1 个，录音机 1 台，音乐光盘（轻音乐、摇滚乐等）2 张，绘本故事（情感、恐怖等）2 本。

2. 考核要求及注意事项

（1）考生口述物品准备、心理准备，演示环境创设及睡眠指导。

（2）按考核要点要求依次进行，时间一到立即停止操作，操作超过 5 min 本题零分。

3. 考核目的

保育人员掌握能正确指导婴幼儿独立就寝，培养婴幼儿良好的睡眠习惯，对不合理的睡姿进行纠正指导。

4. 评分项目及标准

评分项目	考核要点	配分	评分标准
1. 口述物品准备	（1）小床，合适的被褥，冬季为厚被，春秋季为薄被，夏季选择席子（0.5 分） （2）提醒需要更换睡衣的孩子提前准备（0.5 分）	1 分	错、漏一项扣 0.5 分
2. 口述心理准备	利用睡前 20~30 min 让孩子习惯一种有安全感的、按一定顺序进行的仪式，如餐后散步、回班如厕、播放睡前轻音乐或给孩子讲睡前故事等（1 分）	1 分	错、漏一处扣 0.5 分，扣完为止
3. 环境创设（演示+口述）	（1）整理床铺（0.5 分） （2）关窗，拉上窗帘，保持室内光线柔和（0.5 分） （3）根据室温开启空调，注意观察室温、调整风向等（1 分）	2 分	未正确操作演示、漏项或表达不规范，每项扣相应分值
4. 演示睡前指导	（1）指导孩子脱衣，先脱裤子，再脱衣服（1 分） （2）指导叠放衣裤鞋子，摆放合理（1 分） （3）根据季节指导孩子穿合适的衣服入睡（1 分） （4）睡前给婴儿包好纸尿裤，提醒幼儿小便（1 分）	4 分	未正确操作演示、漏项，每项扣 1 分
5. 演示睡眠引导	（1）陪伴、安抚无法自主入睡的孩子（1 分） （2）调整孩子不良睡姿（1 分）	2 分	未正确操作演示、漏项，每项扣 1 分
合计		10 分	

【题目 11】婴幼儿睡眠中遗尿问题的处理

1. 考场准备

（1）本题分值：10 分。

（2）考核时间：5 min。

（3）考核形式：模拟操作+口述。

（4）设施准备：小床、被褥 2 套、替换衣物、模拟娃娃 1 个。

2. 考核要求及注意事项

（1）考生口述并演示入睡指导、巡视和遗尿护理。

（2）按考核要点要求依次进行，时间一到立即停止操作，操作超过 5 min 本题零分。

3. 考核目的

保育人员正确指导婴幼儿睡眠中遗尿问题的处理，并能够正确对待婴幼儿的遗尿。

4. 评分项目及标准

评分项目	考核要点	配分	评分标准
1. 口述入睡指导	睡前提醒婴幼儿排尿（1 分）	1 分	错、漏扣 1 分
2. 演示+口述巡视	（1）对有遗尿现象的孩子，在睡眠期间要有规律地唤醒其排尿（1 分） （2）午睡时可在睡下 30 min 左右唤醒孩子排尿（1 分） （3）晚间睡眠时每隔 2~3 h 唤醒孩子排尿（1 分） （4）睡眠过程中巡回观察，如发现孩子在睡眠过程中有异常表现，如翻来覆去睡不踏实，及时唤醒其排尿（1 分）	4 分	未正确操作演示、漏项或表达不规范，每项扣 1 分
3. 演示+口述遗尿处理	（1）发现孩子遗尿后仍处于睡眠中，轻声或以轻柔的动作逐步唤醒孩子（1 分） （2）尽快拿取干净的衣裤并帮助孩子更换衣裤（动作迅速，以免着凉）（1 分） （3）更换衣裤后将孩子抱到干净的床上（如没有空余的床位应及时更换干净的被褥）（1 分） （4）陪伴，用温和的方式帮助孩子平复情绪，重新入睡（1 分） （5）及时处理被污染的衣裤和被褥（注意：必须在保证孩子有教师看护的情况下，保育员方可进行清洗等工作）（可口述）（1 分）	5 分	未正确操作演示、漏项或表达不规范，每项扣 1 分
合计		10 分	

【题目 12】婴幼儿入睡时的护理

1. 考场准备

（1）本题分值：10 分。

（2）考核时间：5 min。

（3）考核形式：模拟操作+口述。

（4）设备设施准备：模拟娃娃 1 个、小床，被子 1 套、记录本。

2. 考核要求及注意事项

（1）考生演示有序组织入睡、巡视、纠正不良睡姿、午睡中“两开两关”。

（2）按考核要点要求依次进行，时间一到立即停止操作，操作超过 5 min 本题零分。

3. 考核目的

保育人员掌握婴幼儿入睡时需关注的重点，在巡视中纠正不良睡姿。

4. 评分项目及标准

评分项目	考核要点	配分	评分标准
1. 有序组织入睡	（1）安排小组分批入睡（1 分） （2）指导孩子根据室温脱去相应的衣服、裤子，至少要脱去外衣、外裤和鞋子，并放在指定的地方（1 分）	2 分	未正确操作演示、漏项，每项扣 1 分
2. 纠正不良睡姿	（1）纠正俯卧、跪卧、蒙被入睡等不良睡姿（1 分） （2）动作应轻柔（1 分） （3）引导幼儿仰睡（1 分）	3 分	未正确操作演示、漏项，每项扣相应分值
3. 午睡中“两开两关”	（1）保持室内空气流通（1 分） （2）正确做好“两开两关”：脱衣前、穿衣前关窗，午睡时、穿好衣服后适当开窗（1 分）	2 分	未正确操作演示、漏项扣 1 分
4. 巡视	（1）做好巡视护理，每 15 min 巡视一次（1 分） （2）关注未入睡的孩子及异常情况，及时帮助、正面引导（1 分） （3）对特殊的孩子进行照顾（1 分）	3 分	未正确操作演示、漏项扣 1 分
合计		10 分	

职业模块三　健康管理与教育

考核要点

考核范围	理论知识考核要点	重要程度	技能考核要点	重要程度
健康观察	1. 托幼机构的健康检查制度	了解	1. 协助晨、午、晚检	掌握
	2. 婴幼儿健康的主要表现	掌握	2. 协助婴幼儿服药	掌握
	3. 婴幼儿衣着及携带物品的安全性	掌握	3. 全日观察	掌握
	4. 晨、午、晚检操作流程	掌握	4. 流行性感冒的发现、报告与隔离	掌握
	5. 全日观察的基本内容	掌握		
	6. 婴幼儿生理健康指标	掌握		
	7. 婴幼儿身心健康的表现	掌握		
	8. 全日观察的程序	掌握		
	9. 预防流行性感冒的方法	掌握		
体格检查	1. 婴幼儿入托幼机构前的体格检查制度	掌握	1. 体格检查准备与配合	掌握
	2. 定期体格检查制度	掌握	2. 组织空气浴锻炼	掌握
	3. 体格检查准备与配合	掌握	3. 组织日光浴锻炼	掌握
	4. 龋齿的防治	掌握		
	5. 近视的防治	掌握		
	6. "三浴"锻炼与生长发育的关系	掌握		
	7. "三浴"锻炼的方法	掌握		
情绪管理	1. 婴幼儿的基本情绪	掌握		
	2. 情绪环境	掌握		
	3. 营造良好情绪环境的方法	掌握		
	4. 婴幼儿基本情绪的表现	掌握		
	5. 体察情绪的方法	掌握		
	6. 管理情绪的方法	掌握		

重点复习提示

一、健康观察

1. 托幼机构的健康检查制度

托幼机构的健康检查制度包括入托幼机构前的体格检查制度，定期体格检查制度，晨、午、晚检健康观察制度，全日健康观察制度，传染病的报告隔离制度。

(1) 晨、午、晚检健康观察制度。晨、午、晚检健康观察主要包括早晨、中午、晚间各巡视班级一次，了解婴幼儿的精神、饮食、睡眠、大小便、情绪、行为等情况，并做好观察及处理记录。发现患病婴幼儿应及时处理、上报、登记，并尽快与家长联系。

(2) 全日健康观察制度。全日观察的重点是孩子的精神状态、食欲、睡眠、大小便、体温、情绪、行为等情况，对患病和体弱的孩子要加强生活护理，发现异常情况应立即与保健医生联系，并做好全日观察记录，认真填写婴幼儿出勤、健康状况登记表。一旦发现传染性病例立即隔离，必须保证患儿完全康复并已经脱离传染期后方可再次入园。

(3) 传染病的报告、隔离制度。对疑似或确诊为传染病的婴幼儿要立即上报、隔离，由卫生保健人员进行诊断处理。确诊传染病病例应按规定填写传染病登记表，并由园长通知家长。对密切接触者要进行检疫，对患儿的用具和生活场所要进行全面彻底消毒。

2. 婴幼儿健康的主要表现

(1) 体格发育正常，身高和体重均匀速增长，无肥胖、矮小或消瘦体型的发展倾向。

(2) 皮肤光滑，没有黄疸、皮疹、过分干燥或表皮油脂过多。

(3) 毛发整齐而有光泽。

(4) 眼睛明亮有神，眼白清洁无暇，眼周不发黑。

(5) 牙齿清洁整齐，无龋齿。

(6) 呼吸平稳，无鼻塞，无张口呼吸。

(7) 手指清洁，指甲修整整齐，不存污垢。

(8) 脚趾向前，无弯曲现象，非扁平足。

(9) 坐、卧、立、行都能保持良好的姿势。

(10) 运动后虽有正常的疲劳，但经过适当休息即可恢复如常。

(11) 食欲良好，睡眠规律、充足，且大便通畅。

(12) 在游戏和身体姿势方面，能够表现出与其年龄、性别、体型和运动经验相适应的技巧。

（13）患病率和事故率不超过同年龄、同性别的婴幼儿。

3. 婴幼儿衣着及携带物品的安全性

（1）婴幼儿衣着的安全要求。婴幼儿着装的基本要求是保暖、舒适、方便、安全、美观。

（2）常见危害婴幼儿安全的小物品种类及其来源。常见有钉子、纽扣、弹珠、豆子、瓜子、小刀、剪刀、曲别针、花生米、小珠子、小积木等。危害婴幼儿安全的小物品可能是从家里带来的，也可能是户外活动时收集的或游戏活动时偷偷留下的。

4. 晨、午、晚检操作流程

（1）晨检操作流程。晨检要做到“一问二看三摸四查”。

一问：询问家长，了解婴幼儿来托幼机构前的一般健康情况，包括精神状态、食欲、睡眠、大小便、情绪、行为等情况，及有无咳嗽、流涕、腹泻、呕吐、传染病接触史、外出史等情况。

二看：观察婴幼儿精神状态；查看面色是否正常，有无流泪、眼结膜充血、流涕等；查看皮肤（面部、耳后、双手、颈部等）是否有皮疹、出血点；查看指甲是否过长；查看婴幼儿口腔，口腔黏膜有无溃疡、疱疹，牙龈有无红肿等；观察双侧扁桃体是否肿大，有无充血、分泌物、脓点以及咽部有无溃疡、疱疹、出血点、咽喉壁脓肿等情况。

三摸：用手触摸婴幼儿额头，以检查婴幼儿是否发热；触摸颈部、耳后、枕部淋巴结及两侧腮腺部是否肿大、疼痛。

四查：检查婴幼儿口袋中是否携带可造成创伤的玩具，有无携带食品。根据检查结果发放晨检牌进班。

（2）午检操作流程。每天婴幼儿入睡前及午睡后须进行午检，由保健医生到各班进行巡查。一是检查一般情况（精神状态、面色等），二是检查有无携带不安全的物品，发现问题迅速处理。

（3）晚检操作流程。每天放学前由班级教师对婴幼儿进行检查，保健医生巡查。一是观察婴幼儿精神状态、面色及有无发热现象，二是检查婴幼儿的衣着。

5. 全日观察的基本内容

对在托幼机构的婴幼儿，观察其有无健康问题。对带药入托幼机构的婴幼儿，检查其服药情况、活动情况及病情变化情况，并做好观察记录。在婴幼儿离开托幼机构时应与家长做好交接工作，并进行必要的卫生、安全宣传。

6. 婴幼儿生理健康指标

婴幼儿生长发育最常用的评价指标是形态指标，形态指标是身体及其各部分在形态上可测出的各种量度，如体重、身长（身高）、头围、胸围、臂围、坐高、皮下脂肪、上下肢长及臂展等。

7. 婴幼儿身心健康的表现

（1）情绪、精神状态。正常情况下，婴幼儿应情绪稳定，精神状态好，面色红润，活泼好动，对各种事物保持兴趣。

（2）饮食。要确定饮食是否充足，最重要的是对儿童的体格生长进行全面评价，尤其是用生长曲线图监测身高和体重的增长情况。

（3）睡眠。新生儿平均每天睡 16~20 h，幼儿平均每天睡 12~14 h，学龄期儿童通常需要 10~13 h 的睡眠。在 2~4 个月的时候，逐步形成睡眠的昼夜节律。6 个月时，不需要夜间哺喂。

（4）大小便。母乳喂养儿的正常大便呈黄色、金黄色或绿色，膏状或稀薄，带粪便颗粒，不臭，每日排便 2~4 次；人工喂养儿正常大便呈淡黄或灰黄，含白色蛋白凝块，有臭味，每日排便 1~2 次。

（5）体温。腋温超过 37.5 ℃为发热，37.6~38.0 ℃为低热，38.1~39.0 ℃为中热，39.1~41.0 ℃为高热，超过 41.0 ℃为超高热。

8. 全日观察的程序

（1）观察

1）观察婴幼儿的精神状态、情绪行为、面容，全身皮肤有无皮疹。

2）观察婴幼儿精神状态、面容，怀疑体温异常者，及时测量体温。

3）观察婴幼儿有无咳嗽、流涕、呕吐等不适症状。

4）观察婴幼儿的食欲、睡眠、大小便情况，注意有无异常情况。

5）观察婴幼儿活动情况是否正常，注意防范意外事故的发生。

（2）记录。填写全日观察记录表。

（3）上报。在全日观察过程中如发现婴幼儿健康状况、安全状况异常，均应按流程上报。

（4）登记。对每天晨、午、晚检出现的异常情况要及时登记，要求时间准确、表达清楚，根据登记情况进行工作交接及上报。

9. 预防流行性感冒的方法

（1）让孩子规律进食，多吃新鲜的蔬菜和水果，保证充足的睡眠，注意保暖和增减衣服。

（2）教育孩子保持良好的呼吸道卫生习惯，咳嗽或打喷嚏时，用纸巾、毛巾等遮住口鼻，咳嗽或打喷嚏后洗手，尽量避免触摸眼睛、鼻或口；勤洗手，尽量用洗手液或香皂、流动水洗手。尽量少去人员密集的场所。

（3）接种流感疫苗，给孩子多一层保障。接种疫苗能有效降低流行性感冒的发病率，减轻流行性感冒引发严重并发症的风险。

二、体格检查

1. 婴幼儿入托幼机构前的体格检查制度

入托幼机构体检率应达100%。婴幼儿入托幼机构时，托幼机构应查验“婴幼儿入园健康检查表”“婴幼儿保健手册”“预防接种证”。托幼机构不应拒绝乙肝表面抗原阳性但肝功能正常的婴幼儿入托幼机构。

婴幼儿入托幼机构前的体格检查内容包括：

（1）了解婴幼儿的病史，包括疾病史、传染病史、过敏史和家族病史等。

（2）检查婴幼儿当前的生长发育和健康状况

1）检查有无传染病，如皮肤传染病、眼结膜炎、结核病、甲型肝炎等。

2）检查有无营养性疾病，如缺铁性贫血、营养不良、佝偻病。

3）检查视力、听力。

4）检查有无口腔疾病，如龋齿、缺齿、牙龈炎等。

（3）了解婴幼儿预防接种完成情况。

2. 定期体格检查制度

每年为婴幼儿进行全面检查一次，一般都是在六一儿童节前进行。

体格检查内容：测量身高、体重，检查咽部、口腔、皮肤、心肺、肝脾、脊柱、四肢等，检测血红蛋白，测查视力、听力。有条件的地区可在定期体检时进行发育筛查。

3. 体格检查准备与配合

（1）操作准备

1）提前告知家长体格检查时间、体格检查内容。

2）心理准备，告知婴幼儿检查内容及注意事项。

3）生活准备，协助婴幼儿脱去外衣、鞋、袜、帽。

（2）配合

1）排队等候。

2）维持体格检查秩序。

3）做好体格检查时的心理、生活护理。

4）做好登记。

4. 龋齿的防治

（1）乳牙龋病的危害

1）乳牙龋病进一步发展到牙髓炎和根尖周炎，可能会波及乳牙下方的恒牙胚，造成恒牙发育障碍。

2）乳牙因龋坏严重而过早丧失，常引起邻牙移位，导致恒牙萌出紊乱，造成恒牙牙齿排列不齐，不但影响美观，还易患龋病和牙周疾病。

3）患龋齿儿童常常因为疼痛而不敢用患牙咀嚼，久而久之养成偏侧咀嚼的习惯，造成颜面部发育不对称。

4）由于乳牙龋坏疼痛而不能有效切割嚼碎食物，势必影响正常的营养吸收，从而影响儿童全身的生长发育。

5）口腔中长期存在的龋病、牙髓炎和根尖周炎等慢性炎症，会形成口腔慢性病灶，其中的细菌可以随血液循环到达全身，在身体抵抗力低下时可能会引起心脏、肾关节等重要器官发病。

6）如果龋齿发生在前牙，因龋坏严重造成前牙的残根残冠或缺失，会影响儿童的发音与美观，甚至可能造成儿童的自卑心理，影响儿童的身心发育。

（2）龋齿的预防

1）每次喝完奶或进完辅食后，给孩子喂几口白开水，清洁口腔内和牙面残留的奶汁或食物残渣。

2）婴儿3个月后逐渐规律喂养，逐渐减少婴儿拿着奶瓶上床、含着奶瓶/乳头睡觉、夜间喂奶等行为直到停止。1岁3个月以上婴儿应逐步停止使用奶瓶喂奶，改用杯子或碗喝奶。

3）随着年龄增加、牙齿萌出，引导孩子嚼着吃含纤维素的蔬菜和水果，既可以增加牙面的自洁作用，又锻炼孩子的咀嚼能力，有利于颌骨的发育。

4）婴儿长出第一颗牙就应开始为婴儿刷牙，早晚各一次。等到磨牙（大牙）长出以后，应选择合适的牙刷来帮孩子刷牙。另外，最好正确使用牙线清洁牙间隙。

5）孩子长牙后，每半年进行一次口腔检查。

6）每半年进行一次局部氟化物涂布，龋病高危的孩子每3月涂布一次；到孩子3岁左右根据孩子情况酌情做窝沟封闭。

7）已患龋的孩子由口腔医生综合评估口腔状况，制定个体化的防控方案。

5. 近视的防治

健康婴幼儿应在生后28~30天进行首次眼病筛查，并分别在3月龄、6月龄、12月龄和2岁、3岁、4岁、5岁、6岁健康检查时进行眼病筛查和视力检查。

（1）近视前的十大征兆：眯眼、眨眼、揉眼、歪头、皱眉、扳眼、斜视、凑近、模糊、出错。

（2）近视的预防

1）读书时间不宜太长，看书或写字20 min应该让眼睛休息一会儿或者向远处看景物。

2）每天增加有效户外活动时间，保证每天 2 h、每周 10 h 的户外活动。

3）居室及教室应光线充足，以减轻眼睛疲劳。

4）减少看电视、手机、电脑等电子产品时间，每次不超过 15 min，每天不超过 1 h。

5）注意用眼姿势，读书、写字时坐姿要端正，桌椅的高度要合适，纠正不良用眼姿势。

6. “三浴”锻炼与生长发育的关系

三浴即空气浴、日光浴、水浴。“空气浴”为身体大部分皮肤暴露在空气中，接受新鲜空气的沐浴，使皮肤和呼吸道得到锻炼，增强身体抵抗力。“日光浴”是利用日光进行身体锻炼，日光中的紫外线照射于皮肤，在身体内可产生内源性维生素 D，帮助吸收食物中的钙和磷，促进身体骨骼的生长，有防治佝偻病的作用，同时能使皮肤血管扩张，增强血液循环，促进婴幼儿生长发育。“水浴”是利用水的机械作用和水的温度刺激皮肤，使皮肤血管收缩或舒张，促进机体血液循环、新陈代谢及体温调节，增强机体对温度变化的适应能力，最终达到锻炼身体、促进生长发育的作用。

7. “三浴”锻炼的方法

（1）空气浴

1）时间。饭后 1~1.5 h。春秋季节：上午 10—11 点；夏季：上午 8—9 点；冬季：上午 10 点—下午 3 点。

2）地点。室内：房间通风、空气清新，室温保持在 20 ℃以上；户外：室外气温在 25 ℃以上。

3）过程。空气浴可从夏季开始，使婴幼儿适应气温从热到温、从温到冷的逐渐过渡；先从裸露四肢做起，逐渐至裸露全身；时间从 2~3 min 开始，逐渐延长到 20 min。

（2）日光浴

1）时间。夏季南方可在上午 8—10 点，北方可在 9—11 点进行；春秋季可在 10—12 点进行，冬季可在 12 点左右进行。

2）地点。夏季、春秋季可在户外进行，场地要求清洁、空气流通但又避开强风，平坦、干燥、绿化较好；冬季可在室内做日光浴，要求开窗，尽量让阳光直接照射皮肤。

3）过程。在进行日光浴前，应先进行 5~7 天的空气浴；锻炼时间长短依据婴幼儿年龄大小和耐受情况，一般从 5 min 逐渐延长至 30 min，完全适应后每次照射应不超过 30 min；尽量露出婴幼儿皮肤，如头、手、脚、臀等部位。

（3）水浴。水浴锻炼可以从温水逐渐过渡到冷水，以免受凉生病。

1）凉水浴。起初婴儿进行 37 ℃的温水锻炼。天热每天 2 次，冬季每日 1 次。锻炼时间为 7~10 min。每次沐浴结束后亦可用 33~35 ℃温水冲洗，擦干后用暖毛巾包裹婴儿。

2）擦澡。最佳水温应在 34 ℃左右，1 周后可适当降低水温。擦澡锻炼前可先进行干擦，即用软厚绒布或浴巾擦身体，直到皮肤轻度发红为止，十天以后再进行湿擦。

3）冷水擦洗法。水温起初为 30 ℃左右，进行洗脸、手、脚的锻炼，以后水温可降到 15 ℃左右。锻炼可以在天热时开始。可全身进行。

三、情绪管理

1. 婴幼儿的基本情绪

婴儿从出生到半岁左右陆续发生基本情绪，包括愉快、兴趣、惊奇、厌恶、痛苦、愤怒、惧怕、悲伤、焦虑等。

2. 情绪环境

所谓情绪环境，是围绕在某一事物或活动主体周围并对个体产生影响的心理环境，也是一种心理氛围，如内向的、外向的，放松的、紧张的，接受的、抗拒的，愉快的、烦闷的等。情绪环境是长期的、稳定的。

3. 营造良好情绪环境的方法

（1）营造良好的语气环境。

（2）营造良好的倾诉环境。

（3）营造良好的倾听环境。

（4）营造整洁有序、色彩适宜的环境。

（5）营造良好的睡眠环境。

（6）亲近自然，放松心情。

（7）营造充满爱的安全的环境。

4. 婴幼儿基本情绪的表现

（1）愉快。愉快是自信和能力的表现，能促进婴幼儿心理健康、智力发展。愉快也是一种状态，它是放松的、易于接近的（易于接受指令的），在这种状态中婴幼儿能不知不觉地发展了能力，锻炼了社会性。

（2）兴趣。兴趣是内在动力，能驱使婴幼儿对外界刺激产生反应，引起婴幼儿身体运动的发生。兴趣是一种情绪，也是一种情感状态。

（3）惊奇。1 岁婴儿见到新奇事物就可表现出惊奇，获得乐趣。

（4）厌恶。厌恶是一种负面的情绪。厌恶的形成相对较晚，婴幼儿会不吃自己觉得厌恶的食物，远离厌恶的东西。

（5）痛苦。痛苦是一种负面情绪。痛苦的情绪在婴儿出生 1~2 天就可以发生了。饥饿、疼痛、冷、热、失望、噪声等，都能引起婴儿痛苦的情绪。悲伤是痛苦的表现形式。痛苦与悲伤很难区分开，痛苦与悲伤同时存在。

（6）愤怒。愤怒是一种负面情绪。最早出现于出生后 4~8 周。愤怒的情绪容易导致婴幼儿的攻击行为。越愤怒，越容易冲动；越冲动，越有强烈的攻击欲望。愤怒的情绪会影响婴幼儿的认知能力，破坏智力活动，影响婴幼儿正常的智力发展。

（7）惧怕。5~7 月龄婴儿可出现惧怕情绪，表现出对某种事物和人的恐惧、害怕。

（8）悲伤。悲伤最早出现在 3~4 月龄婴儿，与痛苦很难区分开，悲伤与痛苦同时存在。

（9）焦虑。焦虑是个人对即将来临的、可能会造成的危险或威胁所产生的紧张、不安、忧虑、烦恼等不愉快的复杂情绪。

婴幼儿情绪表现的特点为：

一是外显性、情境性，即随条件的变化、外部情景的变化而变化。

二是冲动性，如手舞足蹈、笑逐颜开、暴跳如雷等。

三是暂时性，在一定时间内发生，情绪持续时间不会太长。

四是生理性，经常因为生理需求得不到满足而闹情绪。

5. 体察情绪的方法

（1）在行为中体察情绪。体察婴幼儿的语言、表情、睡眠、饮食、活动等。

（2）重视并满足个别孩子的心理需求

1）对有惧怕情绪的婴幼儿，应建立信任，抓住时机多与孩子交流，多陪伴并传授科学知识，多提供锻炼机会，给孩子做榜样，禁止观看暴力恐怖的影视作品等。

2）对有焦虑情绪的婴幼儿，要创造有爱的、安全的关系和氛围，以温柔、温暖的态度与孩子交流，创造良好的班级情绪环境，培养孩子的自信心。

（3）协助婴幼儿体验情绪给身体带来的感觉。

6. 情绪管理的方法

（1）为情绪命名。

（2）表达情绪。

（3）弄清情绪的由来。

（4）接纳情绪。

（5）宣泄情绪。

（6）做情绪管理的楷模。

理论知识辅导练习题

一、判断题（下列判断正确的请在括号中打"√"，错误的请在括号内打"×"）

1. 保育员应该每日早晨、晚上各巡视班级一次，中午不需要巡视。（　　）

2. 对疑似或确诊为传染病的婴幼儿要立即上报、隔离，由保育员自行处理即可。（　　）

3. 流行性感冒的潜伏期短、传染性强、传播速度快。（　　）

4. 流感病毒的潜伏期一般在 7～14 天。（　　）

5. 婴幼儿健康的主要表现包括无龋齿。（　　）

6. 婴幼儿着装的扣子最好在背后，避免婴幼儿够到。（　　）

7. 晨检时因时间匆忙，来不及检查婴幼儿口袋，可放学后检查。（　　）

8. 明明肚子疼，妈妈带明明去幼儿园前买药并直接给了王老师，王老师可不查看药品处方直接收下。（　　）

9. 对带药入托幼机构的婴幼儿，服药前要认真核对婴幼儿姓名、药名、服用时间、服用剂量、服用方法，及时观察婴幼儿的病情变化。（　　）

10. 身高、体重及头围这三项指标是评价婴幼儿生长发育水平的重要信息。（　　）

11. 在养育的过程中，胖孩子比瘦孩子更健康。（　　）

12. 肥胖是指婴幼儿体重超过按身高计算的标准体重 30%以上。（　　）

13. 在托幼机构，应要求每个孩子的饮食量都一样。（　　）

14. 辅食添加应多样化，一种食物连续添加时间不宜过长，以免儿童吃腻或产生依赖。（　　）

15. 婴儿在 1 岁时，才具有一觉睡到天亮的能力，就再不需要夜间哺喂。（　　）

16. 不同年龄段的孩子需要的睡眠时长不一样。（　　）

17. 儿童出现粪便偏稀、含白色蛋白凝块、次数变多的情况，但精神、食欲正常，化验大便正常，也属于正常情况。（　　）

18. 吃奶后孩子体温升高至 37.9 ℃也是正常的。（　　）

19. 婴幼儿的体温是不容易波动的，运动、进食、环境等多方面因素也不会使宝宝的体温发生变化。（　　）

20. 托幼机构中婴幼儿如果发生摔、碰、划破皮肤等事故应及时上报，并告知家长经家长同意后方能处理。（　　）

21. 入托幼机构前，婴幼儿应经具有合法资质的医疗卫生机构进行健康检查，并填写健

康检查表。（　　）

22. 托幼机构不应该拒绝乙肝表面抗原阳性但肝功能正常的婴幼儿入托幼机构。（　　）

23. 眼结膜炎不属于传染病，患此疾病的婴幼儿可以直接入托幼机构。（　　）

24. 有Ⅱ度以上营养不良、中度以上贫血、中度以上肥胖、佝偻病、矮小症等的幼儿应转入体弱儿管理或建立专案管理。（　　）

25. 入托幼机构后儿童每 6 个月需要进行一次全面体检。（　　）

26. 为了预防龋齿，应该持续给孩子精细食物。（　　）

27. 患了龋齿的婴幼儿不需要处理，只需要等待换牙即可。（　　）

28. 儿童眯眼看远处东西，可能是近视的征兆。（　　）

29. 为预防近视，婴幼儿应减少看电视、手机、电脑等电子媒体时间，每天不超过 2 小时。（　　）

30. 日光中的紫外线照射于皮肤，在身体内可产生内源性维生素 D，帮助吸收食物中的钙、磷，从而促进身体骨骼的生长。（　　）

31. 空气浴通过气温和体表温度之间的差异形成刺激，随着气温降低，作用时间变长，刺激强度会减弱。（　　）

32. 日光浴的照射时间越长效果越好。（　　）

33. 婴幼儿基本情绪随着个体的成长、成熟而出现，按照一定规律发展，但也有个体差异。（　　）

34. 情绪环境是围绕在某一事物或活动主体周围并对个体产生影响的心理环境，也是一种心理氛围。（　　）

35. 情绪环境是长期的、稳定的。（　　）

36. 对于生活中的挫折、困难和痛苦，若能及时倾诉并得到安慰，就会减少不愉快的情绪，感到轻松和快乐。（　　）

37. 在优美的环境中，婴幼儿会投入地进行活动，容易产生愉快的情绪，并促进心理健康和智力发展。（　　）

38. 正常的、高质量的睡眠能保障婴幼儿游戏活动的精神状态，使婴幼儿容易产生愉快的情绪。（　　）

39. 在充满爱的安全的环境中，婴幼儿不会产生情绪。（　　）

40. 保育员可从色彩、发音、动作等方面，运用科学的方法引起婴幼儿的兴趣并不断去探索，从而促进婴幼儿各方面的发展。（　　）

41. 亲密关系会降低厌恶的门槛，因此保育员与婴幼儿保持亲密的关系能缓解孩子的厌恶情绪。（　　）

42. 焦虑本身是人类一种正常的情感反映，但是过度的焦虑或过弱的焦虑会形成情感性或生理性疾病。（　）

43. 婴幼儿情绪表现的特点是外显性、情境性、冲动性、暂时性和生理性。（　）

44. 一般婴幼儿的情绪会带入他们的语言中。（　）

45. 婴幼儿的心理、生理是一个统一的整体，情绪不好或长期压抑会造成一些伤害，引发疾病。（　）

46. 极度缺乏安全感由婴幼儿心理年龄的发展没有及时跟上实际年龄的增长，或早期亲子依恋缺失造成。（　）

47. 排除疾病及特殊情况，愉快的时候表情很放松、很自然，有负面情绪如紧张、恐惧、伤心时则反之。（　）

48. 中医认为喜则气缓，开心则思食，怒则伤肝，激怒则伤脾。（　）

49. 多陪伴孩子，及时传授科学知识，可以增强孩子的安全感，取得孩子的信任。（　）

50. 保育员和教师给有恐惧心理的孩子做榜样示范，对减少孩子的恐惧是有帮助的。（　）

51. 保育员应适当鼓励和夸奖孩子的一点一滴的进步，孩子做事情失败或犯了错误，不能大声训斥，而应温柔地帮助他改正错误，避免或减少不必要的焦虑情绪发生。（　）

52. 保育员应协助婴幼儿体验各种情绪给身体带来的感觉，从小培养他们觉察自己情绪的意识，学习做自己情绪的小主人。（　）

53. 为情绪命名目的是让孩子明确自己的情绪，进而去想怎样处理自己的情绪。（　）

54. 适合婴幼儿的宣泄方式有倾听、倾诉、运动、大笑、大哭、歌唱等。（　）

二、单项选择题（下列每题有4个选项，其中只有1个是正确的，请将其代号填写在横线空白处）

1. 健康婴幼儿的精神状态不包括________。

A. 反应敏捷　　B. 活泼好动

C. 精神萎靡　　D. 情绪饱满

2. 下列关于晨检工作内容的描述错误的是________。

A. 询问婴幼儿在家中的精神状态、睡眠情况

B. 查看喉咙是否红肿、出疱疹或者脓点

C. 给婴幼儿测量体温

D. 若发现患儿咳嗽等症状，先入班观察情况

3. 下列关于午检工作内容的描述错误的是________。

A. 保育员应在入睡前、起床后各巡视班级 1 次

B. 腹痛患儿午休时保育员也可以午休

C. 有孩子出现发热，应立即处理

D. 保育员保持健康状态才能进行午检

4. 下列关于晚检工作内容的描述错误的是________。

A. 每天放学前儿童应接受老师和保健医的晚检

B. 如发现传染病，应立即对患儿的用具和生活场所进行全面彻底消毒

C. 传染病密切接触者要进行检疫

D. 发现疑似流感患儿，应在 48 h 内上报

5. 流行性感冒一般以________季多见。

A. 春夏 B. 春秋

C. 冬春 D. 秋冬

6. 关于培养幼儿良好卫生习惯，下列描述错误的是________。

A. 咳嗽或打喷嚏时，应该用手遮住口鼻

B. 咳嗽或打喷嚏后洗手

C. 尽量避免触摸眼睛、鼻或口

D. 勤洗手，尽量用洗手液或香皂、流动水洗手

7. 关于流行性感冒，下列描述错误的是________。

A. 主要通过飞沫传播

B. 通过碗筷、用具等接触不会传播

C. 人口密度大的地方容易传播

D. 发病 1 至 5 天内病毒存在于病人鼻咽部分泌物中，借咳嗽、打喷嚏进行传播

8. 以下关于婴幼儿健康的表现正确的是________。

A. 身高和体重均匀速增长 B. 表皮油脂过多

C. 眼睛无神 D. 呼吸急促

9. 下列婴幼儿在幼托机构穿的衣服符合安全要求的是________。

A. 宽松的运动服 B. 复杂漂亮的公主裙

C. 连体衣 D. 带很多装饰物的上衣

10. 下列有关婴幼儿着装描述不正确的是________。

A. 衣服、鞋子大小要合适 B. 为了保暖要佩戴长、厚围巾

C. 便于婴幼儿穿脱和运动的服装 D. 太小的婴幼儿尽量不穿系带子的鞋子

11. 关于婴幼儿佩戴丝巾下列做法错误的是________。

A. 选择轻便短小的丝巾

B. 把丝巾在脖子上多绕几圈后固定尾端

C. 为防止脱落丝巾要打死结

D. 丝巾的“尾巴”放进外套里进行固定

12. 若婴幼儿在戏耍玩闹中不慎造成尖锐的物品刺入皮肤，且部位较深，以下做法错误的是________。

A. 立即对局部皮肤进行消毒

B. 通知家长，同时拨打 120 急救电话送医

C. 暂时不移动儿童，以免扎入更深

D. 自行拔出尖锐物品，以免扎入更深

13. 下列关于磁力球危害的描述不正确的是________。

A. 通过压迫可促进血液流通

B. 可能将多段肠子夹在中间

C. 压迫肠道管壁

D. 容易造成肠道梗阻、缺血坏死、穿孔等严重的胃肠道损伤

14. 托幼机构的晨检工作不包括________。

A. 问　　B. 看

C. 听　　D. 查

15. 晨检工作中“摸”指的是检查________。

A. 有无发热　　B. 有无皮疹

C. 有无危险物品　　D. 有无咽喉壁脓肿

16. 晨检工作中“查”指的是检查________。

A. 精神状态　　B. 有无发热

C. 有无淋巴结肿大　　D. 有无危险物品

17. 保育员要指导和帮助婴幼儿把药片或药丸放在舌头________部。

A. 前　　B. 中

C. 中后　　D. 后

18. 儿童定期体检中________能为准确评价婴幼儿生长发育水平提供重要的信息。

A. 体重、身高　　B. 胸围

C. 皮下脂肪　　D. 上下部量

19. 某儿童身高为均值+0. 8SD，评价为________。

A. 中下　　B. 中

C. 中上　　D. 上

20. 消瘦是指婴幼儿的体重比相应年龄组人群按身高的体重均值数低________个标准差以上。

A. 1　　B. 2

C. 3　　D. 0.5

21. 以下关于肥胖的说法错误的是________。

A. 超过标准体重20%以上为肥胖　　B. 超过20%～30%为轻度肥胖

C. 超过50%为重度肥胖　　D. 超过30%～50%为重度肥胖

22. 某幼儿体重为均值-1.2SD，评价为________。

A. 中下　　B. 中

C. 下　　D. 低

23. 婴幼儿是否饮食充足可通过________指标判定。

A. 大便　　B. 食物的重量

C. 生长曲线　　D. 睡眠量

24. 关于婴幼儿的饮食习惯，下列做法不正确的是________。

A. 饭前不吃零食　　B. 多喝碳酸饮料

C. 不要强迫儿童进食　　D. 少多吃油炸食品

25. 在________个月的时候，婴儿逐步形成睡眠的昼夜节律。

A. 1～2　　B. 2～4

C. 5～6　　D. 7～8

26. 小刚今日测量腋温为38.5 ℃，目前体温属于________。

A. 低热　　B. 中热

C. 高热　　D. 超高热

27. 下列________不属于正常的大便。

A. 黄色糊状　　B. 金黄色条状

C. 黑色带血　　D. 灰黄色含白色蛋白凝块

28. 如果孩子在幼托机构出现抽搐，以下________的急救方法正确。

A. 拨打急救电话，同时让孩子平躺、侧卧、清除口腔分泌物

B. 拨打急救电话，用力按住孩子以免受伤

C. 拨打急救电话，观察孩子病情变化，病因不明，暂时不予处理

D. 拨打急救电话，同时用大拇指按压人中使抽搐停止发作

29. 入托幼机构体检率应达________。

A. 70%以上　　B. 80%以上
C. 90%以上　　D. 100%

30. 婴幼儿入托时，幼托机构应查验的项目不包括________。
A. 婴幼儿入园健康检查表　　B. 婴幼儿保健手册
C. 出生证明　　D. 预防接种证

31. 为了预防龋齿，儿童要从________开始刷牙。
A. 出第一颗牙　　B. 1 岁
C. 2 岁　　D. 乳牙出齐

32. 关于龋齿的预防，下列描述错误的是________。
A. 每次喝完奶或进完辅食后，给宝宝喂几口白开水漱口
B. 定期口腔检查，可每年检查 1 次，以早发现龋齿
C. 使用含氟牙膏
D. 蔬菜和水果要嚼着吃，锻炼咀嚼功能

33. 下列关于预防近视的说法不正确的是________。
A. 读书时间不宜太长，看书或写字 20 min 应该让眼睛休息一会儿
B. 居室及教室应光线充足，减轻眼睛疲劳
C. 减少看电视、手机、电脑等电子媒体时间
D. 只要孩子喜欢，可以躺着读书

34. 下列关于空气浴的描述正确的是________。
A. 为了保护婴幼儿的抵抗力，应尽量少出门
B. 使皮肤和呼吸道得到锻炼，对身体抵抗力没有影响
C. 儿童在进行空气浴时应穿着厚些，以免过度暴露
D. 空气浴时气温越低，作用时间越长，刺激强度就越大

35. 下列关于日光浴的作用描述正确的是________。
A. 抑制内源性维生素 D，促进钙、磷吸收
B. 促进内源性维生素 D 合成，促进钙、磷吸收
C. 促进内源性维生素 D 合成，不利于钙、磷吸收
D. 抑制内源性维生素 D，不利于钙、磷吸收

36. 下列关于水浴的描述不正确的是________。
A. 水浴可以促进机体血液循环
B. 水浴可以促进新陈代谢
C. 水浴可以增强机体对温度变化的适应能力

D. 水浴可以对儿童生长发育没有影响

37. 空气浴选择________时间段进行最合适。

A. 春季上午 11—12 点　　B. 夏季上午 9—10 点

C. 秋季上午 10—11 点　　D. 冬季下午 3—4 点

38. 空气浴一般选择________的地点。

A. 不通风的室内　　B. 室温 20 ℃以上的室内

C. 室温 20 ℃以下的室内　　D. 气温在 20 ~ 25 ℃的室外

39. 下列关于空气浴的说法正确的是________。

A. 空气浴可从春季开始　　B. 空气浴先从裸露腹部做起

C. 空气浴的时间应循序渐进　　D. 每次时间不超过 2 h

40. 日光浴选择________进行最合适。

A. 春季上午 11—12 点　　B. 夏季上午 7—8 点

C. 秋季上午 9—10 点　　D. 冬季下午 2—3 点

41. 日光浴时应注意保护________。

A. 腹部　　B. 眼睛

C. 胸部　　D. 手足

42. 日光浴照射的时间以________为宜。

A. 不超过 30 min　　B. 40 ~ 50 min

C. 1 h　　D. 1.5 h

43. 患儿发热时，为了退热可进行水浴，此时水温应该________。

A. 比体温高 1 ~ 2 ℃　　B. 比体温低 1 ~ 2 ℃

C. 50 ℃左右　　D. 45 ℃左右

44. 保育员应该留意孩子在倾诉过程中流露出来的________，帮助孩子宣泄不良情绪。

A. 情绪　　B. 情绪线索

C. 痛苦情绪　　D. 悲伤情绪

45. 正常的、高质量的睡眠能保障婴幼儿游戏活动的精神状态，使婴幼儿容易产生________的情绪。

A. 愉快　　B. 轻松

C. 厌恶　　D. 兴趣

46. 愉快的情绪最早发生于________。

A. 出生后　　B. 出生后 3 ~ 6 周

C. 出生后 1 个月　　D. 出生后 2 ~ 3 周

47. 保育员可从色彩、发音、________等方面，运用科学的方法引起婴幼儿的兴趣并不断去探索。

A. 动作　　B. 语言

C. 光线　　D. 兴趣

48. 愤怒的情绪最早发生于________。

A. 出生后　　B. 出生后 3~6 周

C. 出生后 1 个月　　D. 出生后 4~8 周

49. ________婴儿可出现惧怕情绪，包括惧怕客观存在的物体，也包括惧怕某种情感。

A. 新生　　B. 5~7 月龄

C. 1 月龄　　D. 出生后 4~8 周的

50. 婴幼儿情绪表现的特点有外显性、情境性、________、暂时性、生理性。

A. 冲动性　　B. 稳定性

C. 表面性　　D. 孩子气

51. 一般婴幼儿的情绪会带入他们的语言、________睡眠、饮食和活动中。

A. 表情　　B. 心理

C. 面部　　D. 运动

52. 睡眠是为了调整身体平衡，为生命储备能量，睡眠质量好坏________影响婴幼儿一日生活、游戏等。

A. 并不会　　B. 直接

C. 间接　　D. 同时

53. 过度紧张、恐惧等情绪会降低对________的抵抗力，降低免疫力。

A. 感冒　　B. 病毒

C. 细菌　　D. 疾病

54. 极度缺乏安全感是婴幼儿心理年龄的发展没有及时跟上实际年龄的增长，或________所造成。

A. 早期亲子依恋缺失　　B. 中期亲子依恋缺失

C. 亲子关系　　D. 疾病

55. 要满足有惧怕情绪孩子的心理需求，须和孩子建立信任关系，________，多陪伴，传授科学知识，多提供锻炼机会，给孩子做榜样，并禁止观看暴力恐怖影视作品。

A. 多表扬孩子　　B. 多与孩子交流

C. 让孩子有安全感　　D. 有耐心、爱心

56. 对有焦虑情绪的婴幼儿，要创造良好的情绪环境，________。

A. 培养孩子的能力　　B. 消除孩子的焦虑

C. 让孩子有安全感　　D. 培养孩子的自信心

57. 保育员应协助婴幼儿体验各种情绪给________带来的感觉，从小培养他们觉察自己情绪的意识，学习做自己情绪的小主人。

A. 自己　　B. 对方

C. 大脑　　D. 身体

58. 保育员和教师要协助婴幼儿觉察情绪、接纳情绪，并支持他们表达出自己当下的情绪。________是学习管理情绪的基础。

A. 认识自己　　B. 认识兴趣

C. 觉察情绪　　D. 稳定情绪

59. 管理情绪的方法有：为情绪命名、表达情绪、弄清情绪的由来、________、宣泄情绪。

A. 放弃反抗　　B. 分析情绪

C. 关注情绪　　D. 接纳情绪

60. 适合婴幼儿的宣泄方式有________、运动、哭、歌唱。

A. 倾听　　B. 倾诉

C. 沉默　　D. 大笑

参考答案及说明

一、判断题

1. ×	2. ×	3. √	4. ×	5. √	6. ×	7. ×	8. ×	9. √	10. √
11. ×	12. ×	13. ×	14. √	15. ×	16. √	17. √	18. √	19. ×	20. ×
21. √	22. √	23. ×	24. √	25. ×	26. ×	27. ×	28. √	29. ×	30. √
31. ×	32. ×	33. √	34. √	35. √	36. √	37. ×	38. √	39. ×	40. √
41. ×	42. √	43. √	44. √	45. √	46. √	47. √	48. √	49. √	50. √
51. √	52. √	53. √	54. ×						

【说明】

1. ×　保育员应每日晨、午、晚各巡视班级一次，了解婴幼儿的精神、饮食、睡眠、大小便、情绪、行为等情况，发现患病婴幼儿应及时上报，并尽快与家长联系。

2. ×　对疑似或确诊为传染病的婴幼儿要立即上报、隔离，由卫生保健人员进行诊断处理。

4. × 流感病毒的潜伏期一般在 1~5 天，存在于病人鼻咽部分泌物中。

6. × 婴幼儿穿着应简单、安全，安全是指服装的扣子、带子、装饰品等不会导致意外事故。扣子应在前襟处，注意光滑无棱角并固定好。

7. × 晨检的“查”包括检查婴幼儿口袋，必须查看是否携带危害婴幼儿安全的小物品。

8. × 家长带来的药品必须有儿科医师处方并有病历证明方可收下，并标明班级、姓名、用法、用量。

11. × 体格生长偏离是婴幼儿生理的异常发育，主要包括低体重、消瘦、肥胖和身材矮小。

12. × 肥胖是指婴幼儿体重超过按身高计算的标准体重 20%以上。

13. × 每个孩子的饮食量都不是恒定的，有很大的个体差异，要与其平时的饮食习惯做比较，不能要求每个孩子的饮食量都一样。

15. × 婴儿 6 个月时，具有了一觉睡到天亮的能力，通常不需要夜间哺喂了。

19. × 婴幼儿的体温是很容易波动的，运动、进食、环境等多方面因素都可使其体温发生变化。

20. × 托幼机构中如果发生摔、碰、划破皮肤等事故应及时上报、处理，并告知家长，做好记录。

23. × 眼结膜炎属于传染病，患此疾病及近期内接触此疾病患者的婴幼儿均不可以直接入托幼机构。

25. × 入托幼机构后婴幼儿每年进行一次全面体检，一般都是在六一儿童节前进行。

26. × 现代食物越来越精细，食物中糖的含量越来越多，这与婴幼儿龋齿发病率升高有很大的关系。

27. × 每一个乳牙下面都有一个恒牙胚在发育，乳牙龋病进一步发展到牙髓炎和根尖周炎，可能会波及乳牙下方的恒牙胚，因此如有龋齿要及时就诊。

29. × 为预防近视，婴幼儿应减少看电视、手机、电脑等电子媒体时间，每次不超过 15 min，每天不超过 1 h。

31. × “空气浴”是通过气温和体表温度之间的差异形成刺激，气温越低，作用时间越长，刺激强度就越大，能促进机体新陈代谢、锻炼呼吸器官并增强心脏功能。

32. × 日光浴应遵循循序渐进的原则，锻炼时间长短依据婴幼儿年龄大小和耐受情况，一般从 5 min 逐渐延长至 30 min，完全适应后每次照射应不超过 30 min。

37. × 在优美的环境中，婴幼儿会愿意自由地、投入地进行活动，容易产生愉快的情绪，并得到认知发展。

39. × 在充满爱的安全的环境中，婴幼儿的情绪自然发生。孩子有了情绪，保教人员要运用各种感官语言（如语言、表情、语气、动作等）和全部的情感去接纳理解他们，尊重他们的感受，这样孩子才会对保教人员产生信任和依赖。

41. × 亲密关系会抬高厌恶的门槛，因此保育员与婴幼儿保持亲密的关系能缓解孩子的厌恶情绪，有利于婴幼儿情绪的发展。

54. × 适合婴幼儿的宣泄方式有倾诉、运动、哭、歌唱等。

二、单项选择题

1. C

2. D 晨检应观察精神状况异常，有无发热，有无皮肤、口腔黏膜、淋巴结异常；检查有无携带不安全物品等，发现问题及时处理、上报、登记。当婴幼儿出现发热、咳嗽、流涕等症状，不能立即入班。

3. B 腹痛患儿午休时，保育员应密切观察患儿病情变化，症状加重时应立即联系保健医生处理，并尽快与家长联系。

4. D 发现疑似流感患儿应立即上报。

5. C 流行性感冒一般以冬、春季多见，每年从 12 月开始一直持续到来年的 3—5 月结束。

6. A 保育员应教育孩子保持良好的呼吸道卫生习惯，咳嗽或打喷嚏时，用纸巾、毛巾等遮住口鼻，咳嗽或打喷嚏后洗手，尽量避免触摸眼睛、鼻或口；勤洗手，尽量用洗手液或香皂、流动水洗手。尽量少去人员密集的场所。

7. B 流行性感冒通过碗筷、用具等接触也可传播。

8. A 婴幼儿健康的主要表现：体格发育正常，身高和体重均匀速增长；皮肤光滑，没有黄疸、皮疹、过分干燥或表皮油脂过多；毛发整齐而有光泽；眼睛明亮有神；牙齿清洁整齐，无龋齿；呼吸平稳等。

9. A 婴幼儿着装的基本要求是保暖、舒适、方便、安全、美观。舒适是指服装的大小与宽松适度、面料柔软、吸汗透气、款式简单，不妨碍婴幼儿的生长。方便是指服装便于婴幼儿穿脱和运动。安全是指服装的扣子、带子、装饰品等不会导致意外事故。

10. B 同 9。

11. C 在给婴幼儿佩戴丝巾时，一定要注意丝巾的长度，选择轻便短小的丝巾，也可以把丝巾在脖子上多绕几圈，把“尾巴”用扣子之类的物品固定好，或者直接把丝巾的“尾巴”放进外套里进行固定。但是，系丝巾时不要打死结，否则一旦出现危险很难解下来。

12. D 若儿童在戏耍玩闹中不慎造成尖锐的物品刺入皮肤，且部位较深，老师应立即对局部皮肤进行消毒；暂时不移动儿童，以免扎入更深；不可自行拔出尖锐物品；通知家长，同时拨打 120 急救电话送医。

13. A　由于磁力球相互之间有吸引力，在肠道不同位置的磁力球“你追我赶”，牢牢地将多段肠子夹在中间，会压迫肠道管壁，容易造成肠道梗阻、缺血坏死、穿孔等严重的胃肠道损伤。

14. C

15. A　“摸”是指用手触摸婴幼儿额头，以检查婴幼儿是否发热，发现可疑者应及时测量体温，确定是否发热；能摸颈部、耳部、枕部等部位淋巴结，触摸两侧腮部，查看是否肿大、疼痛。

16. D　“查”是指检查婴幼儿口袋中是否携带可造成创伤的玩具，如石子、弹珠、小刀、玻璃刀等。

17. C　保育员要指导和帮助婴幼儿把药片或药丸放在舌头中后部，然后喝一大口水，使药片或药丸随水迅速冲下。

18. A　婴幼儿生长发育最常用的评价指标是形态指标，如体重、身长（身高）、头围、胸围、臂围、坐高、皮下脂肪、上下肢长及臂展等项目。其中，身长（身高）、体重及头围这三项指标不仅测试方便，而且能为准确评价婴幼儿生长发育水平提供重要的信息。

19. B　身高为均值-1SD～+1SD 之间评价为中，+1SD～+2SD 之间评价为中上，+2SD～+3SD 之间评价为上，大于+3SD 评价为高，-1SD～-2SD 之间评价为中下，-2SD～-3SD 之间评价为下，小于-3SD 评价为低。

20. B　消瘦是指婴幼儿的体重比相应年龄组人群按身高的体重均值数低两个标准差以上。

21. C　肥胖是指婴幼儿体重超过按身高计算的标准体重 20%以上，超过 20%～30%为轻度肥胖，超过 30%～50%为重度肥胖。

22. A　体重为均值-1SD～+1SD 之间评价为中，-1SD～-2SD 之间评价为中下，-2SD～-3SD 之间评价为下，小于-3SD 评价为低，+1SD～+2SD 之间评价为中上，+2SD～+3SD 之间评价为上，大于+3SD 评价为高。

23. C　确定婴幼儿的食量是否充足，最重要的是对体格生长进行全面评价，尤其是绘制生长曲线图监测身高和体重增长情况。

24. B　从小要培养婴幼儿良好的饮食习惯，饭前不吃零食和饮料，少吃油炸食品，有偏食倾向及时纠正，创造良好的饮食环境，不要强迫儿童进食。

25. B　新生儿平均每天睡 16～20 h，通常睡眠没有规律，也没有一定的模式；在 2～4 个月的时候，逐步形成睡眠的昼夜节律。

26. B　通过测量体温可确定婴幼儿是否发热，体温超过 37.5 ℃为发热，37.6～38.0 ℃

为低热，38.1~38.9 ℃为中热，39.1~41.0 ℃为高热，超过41.0 ℃为超高热。

27. C　正常母乳喂养儿粪便：黄色、金黄色或绿色，膏状或稀薄，带粪便颗粒。正常人工喂养儿粪便：淡黄或灰黄，含白色蛋白凝块。

28. A　如果孩子在幼托机构出现抽搐，应立即拨打急救电话，同时让孩子平躺、侧卧，清除口腔分泌物以免倒吸而影响呼吸。

29. D

30. C　婴幼儿入托幼机构时，托幼机构应查验“婴幼儿入园健康检查表”“婴幼儿保健手册”“预防接种证”。对未按规定预防接种的婴幼儿需要告知其监护人及时补种。

31. A　为了预防龋齿，孩子长出第一颗牙，就应开始为孩子刷牙，早晚各一次。也可以用湿纱布或指套牙刷来擦拭牙齿，帮助孩子清洁口腔。

32. B　预防婴幼儿龋齿，每次喝完奶或进完辅食后，给孩子喂几口白开水清洁口腔；含纤维素的蔬菜和水果要嚼着吃，既可以增加牙面的自洁作用，又锻炼了孩子的咀嚼能力；孩子长牙后，每半年进行一次口腔检查，尽早发现早期龋病及时控制；每半年进行一次局部氟化物涂布等。

33. D　预防近视，保育员应该做好以下工作：读书时间不宜太长，看书或写字30~40 min应该让眼睛休息一会儿或者向远处看景物；每天有效增加户外活动时间，保证每天2 h、每周10 h的户外活动。居室及教室应光线充足，减轻眼睛疲劳。减少看电视、手机、电脑等电子媒体时间，每次不超过15 min，每天不超过1 h。注意用眼姿势，读书、写字时坐姿要端正，桌椅的高度要合适，纠正不良用眼姿势。

34. D　“空气浴”是通过气温和体表温度之间的差异形成刺激，气温越低，作用时间越长，刺激强度就越大，能促进机体新陈代谢、锻炼呼吸器官并增强心脏功能。“空气浴”时婴幼儿身体大部分皮肤暴露在空气中，接受新鲜空气的沐浴，使皮肤和呼吸道得到锻炼，增强身体抵抗力。

35. B　“日光浴”是利用日光进行身体锻炼，日光中的紫外线照射于皮肤，在身体内可产生内源性维生素D，帮助吸收食物中的钙和磷。

36. D　“水浴”水浴利用水的机械作用和温度刺激皮肤，使皮肤血管收缩或舒张，以促进机体血液循环、新陈代谢及体温调节，增强机体对温度变化的适应能力，最终达到锻炼身体、促进生长发育的作用。

37. C　空气浴合适的时间段：春秋季节上午10—11点，夏季上午8—9点，冬季上午10点—下午3点。

38. B　空气浴选择的地点：房间通风、空气清新，室温保持在20 ℃以上的室内或者气温在25 ℃以上的室外。

39. C　空气浴要有循序渐进的过程：空气浴可从夏季开始，使婴幼儿适应气温从热到温、从温到冷的逐渐过渡。先从裸露四肢做起，逐渐至裸露全身。时间从 2~3 min 开始逐渐延长到 20 min。

40. A　日光浴合适的时间段：夏季南方可在上午 8—10 时，北方可在 9—11 时进行；春秋季可在 10—12 时进行，冬季可在 12 时左右进行。

41. B　日光浴时应注意保护头部与眼睛。

42. A　日光浴锻炼时间长短依据婴幼儿年龄大小和耐受情况，一般从 5 min 逐渐延长至 30 min，完全适应后每次照射应不超过 30 min。

43. B　患儿发热时，为了退热进行水浴，此时水温应该比体温低 1~2 ℃。

44. C

45. A

46. B

47. A

48. D

49. B

50. A

51. A

52. B

53. B

54. A

55. B

56. D

57. A

58. C

59. D

60. B

技能操作辅导练习题

【题目 1】协助晨、午、晚检

1. 考场准备

（1）本题分值：10 分。

（2）考核时间：5 min。

（3）考核形式：模拟操作。

（4）设备设施准备：压舌板、手电筒、体温计、记录笔、记录表、晨检牌、模拟人或实人。

2. 考核要求及其注意事项

（1）示范正确的一问、二看、三摸、四查检查流程，报告检查结果。

（2）按考核要点要求依次进行，时间一到立即停止操作，操作超过 5 min 本题零分。

3. 考核目的

保育人员掌握正确的协助晨、午、晚检的方法。

4. 评分项目及标准

评分项目	考核要点	配分	评分标准
1. 工作准备	（1）衣帽整齐（0.5 分） （2）脱去手套和帽子（0.5 分）	1 分	错、漏一项扣 0.5 分
2. 一问	（1）询问家长，了解孩子的精神、食欲、睡眠、大小便、情绪、行为等情况，有无咳嗽、流涕、腹泻、呕吐、传染病接触史、外出史等（1 分） （2）询问孩子有无身体不舒适、疼痛，有无情绪不佳（1 分）	2 分	错、漏一项扣 1 分
3. 二看	（1）查看面色是否正常，眼部有无流泪、眼结膜充血、流涕等，皮肤（面部、耳后、双手、颈部等）是否有皮疹、出血点，查看指甲是否过长（1 分） （2）查看口腔黏膜有无溃疡、疱疹，牙龈有无红肿等（1 分） （3）查看咽部，让孩子张口，发“a”音，用压舌板压舌，观察双侧扁桃体及咽部有无溃疡、疱疹、出血点。传染病流行季节进行有侧重点的查看（1 分）	3 分	错、漏一项扣 1 分
4. 三摸	（1）用手触摸孩子额头，以检查是否发热，发现可疑者应及时测量体温，确定是否发热。确定发热者要及时送往保健室，由保健医生进行诊治、护理（1 分） （2）仔细触摸颈部、耳后、枕部等部位淋巴结，触摸两侧腮腺部是否肿大、疼痛（1 分）	2 分	错、漏一项扣 1 分
5. 四查	（1）检查孩子口袋中是否携带可造成创伤的玩具（如石子、弹珠、小刀、玻璃刀等）（0.5 分） （2）检查有无携带食品（0.5 分）	1 分	错、漏一项扣 0.5 分
6. 报告结果	根据检查结果发放晨检牌（可口述）： 红牌：给晨检合格者，领牌进班（0.5 分） 绿牌：给身体不适但未带药的孩子（0.5 分） 黄牌：给带药的孩子，须填写“婴幼儿服药单”（0.5 分）	1 分	错、漏一项扣 0.5 分，扣完为止
合计		10 分	

【题目 2】协助婴幼儿服药

1. 考场准备

（1）本题分值：10 分。

（2）考核时间：5 min。

（3）考核形式：模拟操作+口述。

（4）设备设施准备：装药的塑料袋、婴幼儿服药记录表、温水、一次性杯子、量杯、少许维生素片以模拟药物、模拟娃娃。

2. 考核要求及其注意事项

（1）考生操作演示药物登记及保存、服药前准备、协助服药时的正确流程及服药后的记录。

（2）按考核要点要求依次进行，时间一到立即停止操作，操作超过 5 min 本题零分。

3. 考核目的

保育人员掌握正确的协助婴幼儿服药的方法。

4. 评分项目及标准

评分项目	考核要点	配分	评分标准
1. 药物登记及保存	（1）要求家长把药品用干净的袋子装好，袋子外面写好孩子的姓名，认真详细地填写“婴幼儿服药记录表”，并签字确认（可口述）（1 分） （2）药品、记录表一并存放在固定位置，而且是婴幼儿拿不到的地方（可口述）（1 分）	2 分	错、漏一项扣 1 分
2. 服药前准备	（1）保育员和准备服药的孩子遵循七步洗手法洗手（1 分） （2）准备温水，服药前要认真核对孩子姓名、药名、服用时间、服用剂量、服用方法（1 分）	2 分	错、漏一项扣 1 分
3. 协助服药	（1）和蔼地劝说孩子服药（1 分） （2）指导孩子掌握正确的服药方法。服药片或药丸时，要指导和帮助孩子把药片或药丸放在舌头中后部，然后喝一大口水，使药片或药丸随水迅速冲下（1 分） （3）中药丸如果比较大，应捏成小球状服用（1 分） （4）液体药物应用量杯服用。按规定的单次药量，把液体药物倒入量杯内，让孩子喝下，然后再喝下事先晾好的温开水，以便把药液全部冲下（1 分） （5）监督孩子服药，以免误服、漏服（1 分）	5 分	错、漏一项扣 1 分
4. 记录	孩子服药后，保育员要在服药记录表上签字（1 分）	1 分	无记录扣 1 分
合计		10 分	

【题目 3】全日观察

1. 考场准备

（1）本题分值：10 分。

（2）考核时间：5 min。

（3）考核形式：模拟操作+口述。

（4）设备设施准备：记录本。

2. 考核要求及其注意事项

（1）考生演示观察、记录、上报、登记的流程和方法。

（2）按考核要点要求依次进行，时间一到立即停止操作，操作超过 5 min 本题零分。

3. 考核目的

保育人员掌握正确的全日观察的技能与方法。

4. 评分项目及标准

评分项目	考核要点	配分	评分标准
1. 观察	（1）观察婴幼儿的精神状态、情绪、行为、面容，观察全身皮肤有无皮疹（1 分） （2）观察婴幼儿精神状态、面容，若怀疑体温异常及时测量体温（1 分） （3）观察婴幼儿有无咳嗽、流涕、呕吐等不适症状（1 分） （4）观察婴幼儿的食欲、睡眠、大小便情况，注意有无异常情况（1 分） （5）观察婴幼儿活动情况是否正常，注意防范意外事故的发生（可口述）（1 分）	5 分	错、漏一项扣 1 分
2. 记录	填写全日记录观察表（可口述记录内容），包括晨检情况（0.5 分）、精神（0.5 分）、食欲（0.5 分）、睡眠（0.5 分）、大小便（0.5 分）、处理方式（0.5 分）、患儿去向（0.5 分）、服药情况等（0.5 分）	2 分	错、漏一处扣 0.5 分，扣完为止
3. 上报	全日观察过程中发现婴幼儿健康状况异常、情绪异常、安全状况异常均应按流程上报（可口述）（1 分）	1 分	错、漏一项扣 1 分
4. 登记	对每天晨、午、晚检出现的异常情况要及时登记。编制出勤登记表、用药情况登记表等（1 分）。记录要求时间准确、表达清楚，根据登记情况进行工作交接及上报（可口述）（1 分）	2 分	错、漏一项扣 1 分
合计		10 分	

【题目 4】流行性感冒的发现、报告与隔离

1. 考场准备

（1）本题分值：10 分。

（2）考核时间：5 min。

（3）考核形式：模拟操作。

（4）设备设施准备：记录本。

2. 考核要求及其注意事项

（1）考生演示发现流行性感冒患儿及报告、隔离、登记。

（2）按考核要点要求依次进行，时间一到立即停止操作，操作超过 5 min 本题零分。

3. 考核目的

保育人员掌握正确的流行性感冒的发现、报告与隔离的技能与方法。

4. 评分项目及标准

评分项目	考核要点	配分	评分标准
1. 发现	在晨检、全日观察中发现患儿有精神/食欲不振（0.5 分）、颜面潮红（0.5 分）、发热（0.5 分）、咳嗽（0.5 分）等症状时要及时测量体温（0.5 分），联系保健医生排查传染病（0.5 分）	2 分	错、漏一处扣 0.5 分，扣完为止
2. 报告	（1）联系保健医生（1 分） （2）若怀疑/确诊流感，联系家长，对确诊病例应按规定填写传染病登记表（1 分）	2 分	错、漏一项扣 1 分
3. 隔离	（1）单间隔离患儿（1 分） （2）与患儿密切接触的儿童要进行居家隔离（1 分） （3）对患儿的用具和生活场所要进行全面彻底消毒（1 分）	3 分	错、漏一项扣 1 分
4. 登记	（1）登记确诊患儿的名字、班级、诊断日期等（1 分） （2）告知家属隔离时间一般为 1 周（1 分） （3）症状消失，返园时需持健康证明（1 分）	3 分	错、漏一项扣 1 分
合计		10 分	

【题目 5】体格检查准备与配合

1. 考场准备

（1）本题分值：10 分。

（2）考核时间：5 min。

（3）考核形式：模拟操作+口述。

2. 考核要求及其注意事项

（1）考生口述体格检查前准备及注意事项，演示体格检查时的协助与配合工作。

（2）按考核要点要求依次进行，时间一到立即停止操作，操作超过 5 min 本题零分。

3. 考核目的

保育人员掌握幼儿体格检查准备与配合的技能与方法。

4. 评分项目及标准

评分项目	考核要点	配分	评分标准
1. 体格检查前准备（口述）	（1）提前告知家长体格检查时间、体格检查内容（1分） （2）心理准备：告知婴幼儿检查内容及注意事项（1分） （3）生活准备：协助婴幼儿脱去外衣、鞋、袜、帽（1分）	2分	错、漏一项扣1分，扣完为止
2. 演示体格检查时的协助与配合	（1）在规定时间里组织婴幼儿排好队，到规定的地点参加体格检查（1分） （2）维持体格检查秩序，避免婴幼儿大声喧哗、打闹（1分） （3）做好体格检查时的心理、生活护理：采血时要鼓励婴幼儿克服恐惧心理，对采血后哭闹的婴幼儿要耐心开导（1分） （4）检查口腔时，要引导婴幼儿张口配合（1分） （5）检查视力时，要协助保健医生教会婴幼儿如何正确理解、用手指视力表（1分） （6）做好参加体检及漏检婴幼儿名单登记（1分）	6分	错、漏一项扣1分
3. 口述注意事项	（1）对因特殊情况未参加体格检查的婴幼儿，要及时与家长沟通，约好补检的时间（1分） （2）对体格检查异常的婴幼儿，要通知家长，及时就医（1分）	2分	错、漏一项扣1分
合计		10分	

【题目6】组织空气浴锻炼

1. 考场准备

（1）本题分值：10分。

（2）考核时间：5 min。

（3）考核形式：模拟操作+口述。

（4）设备设施准备：记录表。

2. 考核要求及其注意事项

（1）考生演示组织空气浴、空气浴中的照护与观察、空气浴后照护，口述工作记录及注意事项。

（2）按考核要点要求依次进行，时间一到立即停止操作，操作超过5 min本题零分。

3. 考核目的

保育人员掌握正确的组织空气浴锻炼的技能与方法。

4. 评分项目及标准

评分项目	考核要点	配分	评分标准
1. 演示组织空气浴	（1）根据婴幼儿个体发展水平不同，提供不同的环境、活动场地（1分） （2）可与各种游戏、体操、走路等结合进行（1分） （3）婴幼儿衣着单薄肥大或裸露身体（1分）	3分	错、漏一项扣1分
2. 演示空气浴中的照护与观察	（1）观察婴幼儿的精神、情绪及身体状况（1分） （2）如有皮肤发紫、面色苍白（1分）等情况，需立即停止（1分）	3分	错、漏一处扣1分
3. 演示空气浴后照护	空气浴后可冲洗（0.5分）或淋浴（0.5分）	1分	错、漏一处扣0.5分
4. 口述工作记录	记录锻炼时间（0.5分）、参加人员（0.5分）、有无异常状况（0.5分）	1分	错、漏一处扣0.5分，扣完为止
5. 口述注意事项	（1）每日进行1次，根据季节、天气变化和婴幼儿的身体情况安排锻炼（0.5分） （2）避免阳光直射眼睛（0.5分） （3）注意观察身体状况（0.5分） （4）患病的孩子应禁止锻炼（0.5分）	2分	错、漏一项扣0.5分
合计		10分	

【题目7】组织日光浴锻炼

1. 考场准备

（1）本题分值：10分。

（2）考核时间：5 min。

（3）考核形式：模拟操作+口述。

（4）设备设施准备：记录表。

2. 考核要求及其注意事项

（1）考生演示组织日光浴、日光浴中的照护与观察，口述操作前准备、日光浴后照护、工作记录及注意事项。

（2）按考核要点要求依次进行，时间一到立即停止操作，操作超过5 min本题零分。

3. 考核目的

保育人员掌握正确的组织日光浴锻炼的技能与方法。

4. 评分项目及标准

评分项目	考核要点	配分	评分标准
1. 口述操作前准备	（1）夏季衣着：裸露，戴帽，避免直接照射（0.5分） （2）春季衣着：20~24 ℃时穿短衣裤（0.5分） （3）冬季衣着：可穿不太厚的棉衣，暴露头面部、手臂（0.5分）	1分	错、漏一项扣0.5分，扣完为止
2. 演示组织日光浴	（1）检查孩子身体情况（0.5分） （2）选择合适的时间（0.5分） （3）选择合适的场地，冬季可在室内，春夏季可在室外（0.5分） （4）循序渐进：日光浴前先进行5~7天的空气浴（0.5分），锻炼时间一般从5 min逐渐延长至30 min（0.5分）	2分	错、漏扣相应分值，扣完为止
3. 演示日光浴中的照护与观察	（1）密切观察婴幼儿的精神、情绪及身体状况（1分） （2）注意观察婴幼儿的反应，如呼吸、皮肤发红及出汗情况，以判断其可接受日光照射的时间和强度（1分） （3）若日光照射后，婴幼儿出现虚弱感、大汗淋漓、心跳加速等情况，应减少或停止日光照射（1分）	3分	错、漏一项扣1分
4. 口述日光浴后照护	（1）及时饮水（0.5分） （2）擦洗或淋浴（0.5分）	1分	错、漏一项扣0.5分
5. 口述工作记录	记录锻炼时间（0.5分）、参加人员（0.5分）、有无异常状况（0.5分）	1分	错、漏一处扣0.5分，扣完为止
6. 口述注意事项	（1）防止阳光直射眼睛，必要时戴太阳帽、戴遮阳镜（0.5分） （2）注意观察婴幼儿的反应（0.5分） （3）日光浴后及时饮水（0.5分） （4）患病的孩子应禁止锻炼（0.5分）	2分	错、漏一项扣0.5分，扣完为止
合计		10分	

职业模块四　辅助教育活动与家长工作

考 核 要 点

考核范围	理论知识考核要点	重要程度	技能考核要点	重要程度
辅助室内教育活动	1. 室内教育活动材料	了解	1. 纠正婴幼儿不良姿势	掌握
	2. 室内教育活动的准备与配合	掌握	2. 室内教育活动配合	掌握
	3. 保持良好姿势对婴幼儿身心发展的意义	掌握		
	4. 婴幼儿的正确姿势	掌握		
	5. 婴幼儿不正确的姿势	掌握		
	6. 纠正婴幼儿不良姿势的程序	掌握		
辅助室外教育活动	1. 室外教育活动材料	了解	1. 室外教学活动配合	掌握
	2. 室外教育活动前的准备	掌握	2. 婴幼儿室外活动时危险行为的发现与制止	掌握
	3. 室外教育活动中的配合	掌握		
	4. 婴幼儿体育活动强度的观察	了解		
	5. 及时提醒婴幼儿增减衣服	掌握		
	6. 调节婴幼儿运动量的方法	掌握		
	7. 不适合婴幼儿开展的活动	了解		
	8. 室外活动安全教育	掌握		
家长工作指导	1. 不同类型家长的特点及沟通方法	了解	1. 与工作繁忙型家长的沟通与交流	掌握
	2. 婴幼儿发生不同事情时的沟通与指导	掌握	2. 与文化偏低型家长的沟通与交流	掌握
	3. 3~4 岁儿童发展评价	掌握	3. 与患病婴幼儿家长的交流与沟通	掌握
	4. 4~5 岁儿童发展评价	熟悉		
	5. 5~6 岁 6 个月幼儿发展评价	熟悉		

重点复习提示

一、辅助室内教育活动

1. 室内教育活动材料

（1）室内教育活动常用材料的种类。依据游戏和婴幼儿发展两个维度，可将托幼机构室内教育活动材料分为操作与建构类材料，象征游戏类材料，规则游戏类材料，音乐、美劳类材料及阅读、视听类材料五大类。

（2）教育活动材料使用的原则

1）安全：注意材料本身的无害性和材料使用时潜在的危险性。

2）适量：过多的材料会分散孩子的注意力，淡化教育活动主题。

3）适时：材料应根据教育活动的需要适时出示。

4）针对性：材料应为教育活动主题服务。

2. 室内教育活动的准备与配合

（1）室内教育活动中师生站位或坐位形式的安排。教育活动过程中，教师和保育员需根据不同的集体活动类型和婴幼儿的站位或坐位形式选择不同的位置。

（2）进行教育活动前应做好教学用具的准备、摆放、分发及安全隐患排查工作。

（3）生活准备。引导孩子们如厕、入座及稳定情绪等。

（4）教学活动的配合工作。默契配合教师的教学活动，提供适当帮助，观察并提醒注意力分散、姿势不良的孩子，同时照顾特殊孩子并处理生活和突发事件。

（5）教学活动后的整理工作。及时整理材料、摆放桌椅，清点、检查活动材料并做好清洁工作。

3. 保持良好姿势对婴幼儿身心发展的意义

婴幼儿阶段是骨骼、肌肉及身体各器官和系统生长、发育的关键时期，身体姿势的正确与否，对婴幼儿身体的正常生长发育会产生极大的影响。如果在这一阶段养成了不正确的姿势，不仅影响体态的美观，更会直接影响健康。

4. 婴幼儿的正确姿势

（1）正确的坐姿：头端正，脚放平，身体直立、稳定不乱晃。

（2）正确的站姿：两肩保持水平，双臂自然下垂，上体保持正直，两脚自然分开，整个身体挺拔、向上。

（3）正确的走姿：上体正直，双手在行进过程中自然摆动，上、下肢动作协调，步伐均匀，有精神。

（4）正确的跑姿：上体稍向前倾，两手握拳，曲肘在体侧，随身体的运动自然地前后摆动，跑步时用前脚掌着地，步伐均匀。

（5）正确的读写姿势：端坐于桌前，身体离桌子一拳远，眼睛离书本一尺远。书写时，一只手握在离笔端半寸左右处，另一只手自然地扶着书本。

（6）正确的卧姿：仰卧或右侧卧。

5. 婴幼儿不正确的姿势

（1）坐姿：歪斜坐、躺坐、趴着坐，坐在座位上抖腿、跷二郎腿等。

（2）站姿：站立时两肩歪斜，头不正，腰不直，胯松懈，抖腿，两脚不能放正等。

（3）走跑姿势：走路或跑步时双脚呈内八字或外八字样，行进时歪头斜肩，上下肢不协调，身体姿态不正确等。

（4）读写姿势：眼睛距离书本太近，歪着头看书，躺着看书，趴着看书，握笔姿势不正确等。

（5）卧姿。趴着睡、蒙头睡等。

6. 纠正婴幼儿不良姿势的程序

（1）示范。

（2）讲解要领。

（3）模仿。

（4）日常检查和提醒。

二、辅助室外教育活动

1. 室外教育活动材料

（1）室外教育活动材料的种类。按规模可分为大型器械（设施）、中小型器械、手持玩具三种类型，按功能又可以分为攀爬滑行类、摆动平衡类、旋转弹跳类、投掷类、钻爬类。

（2）室外体育器械投放要求

1）安全。低龄儿童专用中、大型运动器械应有安全防护措施，小型器械和手持玩具应符合国家安全认证。

2）合理。器械的种类、数量、摆放、配置等应合理，可因地制宜配置具有多种活动功能的组合器械。

3）实用。器械的投放要讲求实用，而不是越多越好、越新越好。

2. 室外教育活动前的准备

（1）室外活动场地的安全检查、清理。室外教育活动场地要宽敞、平坦、防滑、四周无障碍物。活动前除了要事先检查地面有无积水、沙石、坑洼等危险因素外，还要根据教育活动的内容选择合适的场地。

（2）室外活动器械的准备与安全检查。托幼机构的室外活动器械应确保安全耐用，每次活动前对所需器械作认真检查，包括是否牢固、是否有缺损、是否有边缘锋利之处、器械之间是否有防护距离。活动前，教师要准备数量充足的活动材料，保育员要根据教师和教育活动要求摆放在合适的位置。对中班、大班，保育员可指导幼儿协助进行中、小型器械的摆放。

（3）婴幼儿运动前的准备与安全检查。着装检查是室外教育活动中的关键环节。孩子的着装要轻便、适合运动，不携带危险物品，如小刀、玻璃球等。

3. 室外教育活动中的配合

（1）活动中的配合。观察场地上孩子的活动状况及运动量，确保活动安全，同时应及时制止不良行为，适时进行运动卫生教育。

（2）教学活动后的指导与整理。分类收拾活动材料，整理场地，提醒孩子们擦汗、穿衣并稍作休息（10 min）后再喝水。可指导中班、大班幼儿一起做收拾整理工作。

4. 婴幼儿体育活动强度的观察

（1）适度疲劳。婴幼儿运动中，脸色稍红，出汗不多，呼吸较快；动作协调、准确，步态轻稳；注意力集中，反应正常，情绪愉快。

运动后，婴幼儿食欲增加，饮食良好；入睡较快，睡眠良好；再参加其他活动时，表现出精神爽快、情绪良好、练习状态稳定。

（2）过度疲劳。婴幼儿运动中，脸色苍白，大量出汗，呼吸急促、节奏混乱；动作协调性、准确性和速度均降低，甚至出现步态不稳、颤抖等现象；同时注意力分散，反应迟钝，表现出倦怠或疲乏。

运动后，婴幼儿会出现食欲降低，甚至有恶心或呕吐现象；入睡较慢或很难入睡，睡眠质量一般或出现睡眠不安；再参加其他活动时，会表现出精神不振或精神恍惚、心悸、厌倦练习活动。

5. 及时提醒婴幼儿增减衣服

（1）了解天气情况。

（2）根据天气和活动量为婴幼儿增减衣服。

（3）了解每个孩子的实际活动量，为其及时增减衣服。

6. 调节婴幼儿运动量的方法

婴幼儿的运动内容和活动量应随季节、天气的变化而有所变化。活动量过大时，保育员可以协助教师通过降低运动强度、减少运动次数、缩短运动时间、轮流活动等方式来降低孩子的生理负荷。活动量不足时，可以通过增强活动的紧张度、增加活动次数与运动时间、拓展活动范围等方式来增加孩子的生理负荷。

7. 不适宜婴幼儿开展的活动

例如，玩扩胸器、拔河比赛等静力性活动；疾跑中突然静止、疾跑中突然转身等急骤性的静止活动；掰手腕、从高处往硬地上跳等有损骨骼、关节的活动；距离过长的跑步、双脚跳比赛等过量的耐久性活动。

8. 室外活动安全教育

（1）活动前的自我保护教育

1）四散跑、快速跑时，不能低头猛冲，要学会随时观察周围情况，注意不要和别的小朋友发生碰撞，要学会躲避和闪让。

2）追逐跑时，拍到对方即可，不要抓住衣服或手之后就不放，被拍到的孩子也应该立即停止。

3）在玩球类游戏时，注意不让球砸到自己，也不能把球往别人的头上、身上丢或踢，要注意速度和力度，循序渐进，而且一定要保持相对安全的间距，以防孩子伤到自己或是他人。

4）在分组排队玩游戏时，要与前面的小朋友保持适当的安全距离。

（2）活动中、活动后的安全教育

1）必须让所有的孩子在教师和保育员的视线范围之内，不要在教师、保育员的身后，或是跑到活动场地的视线死角范围。

2）组织活动时，如果涉及器械使用，最好先由教师做一次示范动作，除了能让孩子们看到正确的动作之外，教师在示范时，也是检视一遍所使用的器械是否安全。

（3）教师和保育员的站位也很重要，除了不让孩子在视线之外，还要就近对孩子进行指导或给予相对应的协助。

（4）在室外活动结束之后，教师可以针对当天在活动时所发生的一些情况，和孩子们进行讨论或分享，以使孩子们积累经验。

三、家长工作指导

1. 不同类型家长的特点及沟通方法

分别有金口难开型、工作繁忙型、事业有成型、文化偏低型、争强好胜型、热心型、单亲型、溺爱型、挑剔型家长。

2. 婴幼儿发生不同事情时的沟通与指导

常见的情形有婴幼儿患病、患疑似传染病、在园所受伤、在园所受伤休养期间。

3. 幼儿发展评价

3 岁~6 岁 6 个月儿童生理、动作、心理、语言、认知发育发展评价。

理论知识辅导练习题

一、判断题（下列判断正确的请在括号中打“√”，错误的请在括号内打“×”）

1. 婴幼儿身体姿势的正确与否，对其身体的正常生长发育会产生极大的影响。（　　）
2. 正确的姿势是天生的，与生俱来的。（　　）
3. 婴幼儿正确的卧姿是仰卧或左侧卧。（　　）
4. 当孩子做出不良的姿势时，告知其哪里不对即可。（　　）
5. 婴幼儿的模仿能力很强，其不正确的姿势有很多是通过模仿形成的。（　　）
6. 器械的投放越多越好。（　　）
7. 室外教育活动前只要事先检查地面有无积水、沙石、坑洼等危险即可。（　　）
8. 任何场地都适合跑步类练习。（　　）
9. 室外教育活动中的关键环节是检查婴幼儿的着装。（　　）
10. 室外活动中要观察孩子的运动量，并提醒孩子增减衣服，发现孩子出现适度疲劳时，要提醒孩子休息。（　　）
11. 活动量的大小直接影响婴幼儿体育游戏效果的好坏。（　　）
12. 给婴幼儿增减衣服的主要依据是天气情况和活动量。（　　）
13. 活动量不足时，可以通过增强活动的紧张度、增加活动次数与运动时间、轮流活动等方式来增加孩子的生理负荷。（　　）
14. 安全教育就是减少孩子的户外活动活动，不做有危险的活动。（　　）
15. 室外活动中，要尽可能让所有的孩子在教师和保育员的身后。（　　）
16. 当孩子们进行翻滚、走平衡木、攀爬登架、荡秋千等运动时，保育员配合带班教师保护幼儿即可。（　　）
17. 事业有成型家长有较高的文化修养、丰富的社会阅历及较高的社会地位，善于表达，有感有思，善于倾听。（　　）
18. 不同类型的家长沟通方法大同小异。（　　）
19. 患病幼儿离园时，要及时与家长交代孩子当天在园的情况及服药情况。（　　）
20. 保育人员可以向家长描述并判断孩子症状。（　　）
21. 3 岁 8 个月男孩的正常生理指标：体重 12. 2~20. 2 kg，身高 93. 0~109. 1 cm。（　　）

22. 4 岁 6 个月幼儿能区分早晨和下午，知道一年四季的名称，同时已经形成死亡的概念。（　）

23. 为了节省时间，保育员要把婴幼儿课上使用的玩/教具提前出示并摆放好。（　）

24. 为了方便婴幼儿更好地进行室内游戏，保育员布置投放的玩具越多越好。（　）

25. 保育员投放体育器械要讲求实用，并非越多越好、越新越好。（　）

26. 游戏能满足幼儿心理发展的需要，是婴幼儿期主要的活动。（　）

27. 游戏能促进婴幼儿体、智、德的发展，但不能促进婴幼儿美育的发展。（　）

28. 过度疲劳是婴幼儿运动负荷超量造成的，是损害健康的，所以应当尽量避免。（　）

29. 所谓换位思考，就是要从对方的角度和处境来设身处地思考问题。（　）

30. 善于聆听与及时批评指正，是与家长沟通的一种基本能力。（　）

31. 教具的使用应当多多益善，这样才会吸引婴幼儿的注意力，提高学习效果。（　）

32. 教具使用前要放到讲台前老师触手可及的地方，以避免浪费上课时间。（　）

33. 保育员协助教师维持教学活动时，要避免分散孩子的注意力，不能喧宾夺主。（　）

34. 在游戏的全过程中，婴幼儿大都要用动作来代替语言，这就削弱了婴幼儿语言的发展。（　）

35. 各种游戏都不同程度地促进了婴幼儿身体的发展，同时也发展了婴幼儿的基本动作。（　）

36. 游戏前的指导，首先要丰富婴幼儿的生活经验，拓宽角色游戏的内容来源。（　）

37. 做操结束后，保育员协助教师组织婴幼儿安全有序地返回教室，一般是保育员走在队前，教师走在队尾。（　）

38. 在窄小的场地内投放的器械种类不宜过多，否则会因教师无法全面指导而出现器械伤人现象。（　）

39. 只有运动达到适度疲劳如气喘吁吁、大汗淋漓时，才能有效地锻炼婴幼儿身心。（　）

40. 过度疲劳通过休息并不会对幼儿身体造成损害。（　）

41. 除了指导婴幼儿掌握动作安全的要领，还要教会他们学会自我保护，而不是简单粗暴地制止。（　）

42. 保育员与家长的沟通必须建立在相互信任的基础上，如果失去信任，则很难与家长进行沟通。（　）

二、单项选择题（下列每题有4个选项，其中只有1个是正确的，请将其代号填写在横线空白处）

1. 孩子们排开成半圆形坐位时，保育员一般站在孩子们的________。
A. 正前方　B. 后方
C. 侧前方　D. 侧方

2. 关于婴幼儿站姿，下列不正确的是________。
A. 两肩保持水平，双臂自然下垂　B. 整个身体挺拔、向上
C. 上体保持正直，两脚自然分开　D. 两肩歪斜、胯松懈

3. 跳远类练习需要选择________。
A. 粗糙的水泥地　B. 有破损的塑胶地
C. 有积水的沙坑　D. 柔软的草地

4. 婴幼儿运动前不需要检查________。
A. 衣着　B. 饮水量
C. 鞋子　D. 口袋

5. 要让婴幼儿处于有效的锻炼状态，其平均心率应该保持在________次/分钟。
A. 130～180　B. 100～150
C. 120～170　D. 110～160

6. 保育员应善于根据天气的情况和________为婴幼儿增减衣服。
A. 家长的要求　B. 孩子的活动量
C. 孩子的要求　D. 教育的目标

7. 婴幼儿体育活动的负荷量处于适度疲劳时会出现________。
A. 脸色通红　B. 满头大汗
C. 呼吸急促　D. 动作协调

8. 过度疲劳，婴幼儿的动作会________。
A. 协调　B. 准确
C. 步态轻稳　D. 略有迟钝

9. 保育员应善于根据________和活动量为婴幼儿增减衣服。
A. 天气情况　B. 教师的要求
C. 孩子的要求　D. 教育的目标

10. 在________保育员应了解婴幼儿的实际活动量，及时为其增减衣服。
A. 教育活动中　B. 游戏活动中
C. 配合室内活动中　D. 配合室外活动中

11. 在幼儿园中，参考天气情况和活动量给婴幼儿增减衣服主要是________的责任。

A. 保育员　　B. 教师

C. 家长　　D. 园长

12. 保育员配合室外教育活动时，要帮助婴幼儿检查服装和鞋帽，并________随时提醒、帮助婴幼儿增减衣服。

A. 观察孩子的兴趣　　B. 观察孩子的活动范围

C. 观察孩子的运动量　　D. 观察孩子的安全意识

13. 室外活动前要________，以确保幼儿在活动中的安全。

A. 检查幼儿鞋带和裤管　　B. 检查教室内的玩具

C. 检查幼儿是否携带不安全物品　　D. A 和 C

14. 教师组织孩子们活动的时候，如果涉及器械的使用，应________。

A. 示范　　B. 孩子一起玩

C. 老师和孩子一起玩　　D. 选个别幼儿先玩

15. 孩子们进行自由游戏活动时，教师和保育员________，并适当调整位置，一定不要站在一起。

A. 站一起　　B. 后方站

C. 两边站　　D. 对角站

16. 与不同类型家长合作时，应讲究方法，如针对金口难开型的家长，应________。

A. 积极、主动找家长沟通，拉家常、聊天，与其建立朋友关系

B. 将孩子的照片、视频、成长日记、作品等发给家长看，让家长了解孩子的在园情况，让家长放心、安心，循序渐进地建立起信赖关系

C. 经常邀请家长来园参加志愿者、讲座等集体活动，增强互动

D. A+B+C

17. 溺爱型家长的特点有________。

A. 关心孩子吃、睡　　B. 存在补偿心理

C. 不担心孩子受到伤害或欺负　　D. A 和 B

18. 有推理和想象能力，会补充句子，同时讲故事能带表情，能用不同的声音代表不同的人讲话是________幼儿的语言发育特点。

A. 4 岁 6 个月　　B. 满 5 岁

C. 满 6 岁　　D. 6 岁 6 个月

19. 3 岁 8 个月女孩生理指标的正常范围是________。

A. 体重 11. 8~19. 3 kg，身高 90. 9~106. 4 cm

B. 体重 11.8~20.4 kg，身高 92.0~108.16 cm

C. 体重 12.2~20.2 kg，身高 93.0~109.1 cm

D. 体重 12.3~21.5 kg，身高 94.1~111.3 cm

20. 幼儿________会看日历图，知道今天是星期几，是几月几日，能记住一些重要的日期。

A. 满 5 岁　　B. 5 岁 6 个月

C. 6 岁　　D. 6 岁 6 个月

21. 关于保育员协助教师组织婴幼儿安全有序地到户外活动，下列说法错误的是________。

A. 教师走在队前　　B. 保育员和教师一人带队即可

C. 保育员走在队尾　　D. 教师和保育员一起共同带队

22. 心理学认为，最容易被交往对象所看重的品质是________。

A. 尊重　　B. 平等

C. 真诚　　D. 换位

23. 要与家长保持平等关系，保证与家长顺利交谈的必要条件是________。

A. 多加肯定　　B. 多加表扬

C. 真诚交谈　　D. 尊重家长

24. 婴幼儿体育活动的负荷量处于适度疲劳时的生理表现是________。

A. 脸色通红　　B. 满头大汗

C. 呼吸急促　　D. 动作协调

25. 不平整的场地不适合进行跑步类练习，但可以进行攀登、平衡类练习，柔软的草地可以进行跳远类练习，而坚硬的水泥地面则不适合进行________练习。

A. 平衡类　　B. 跳跃类

C. 投掷类　　D. 钻爬类

26. 婴幼儿的运动负荷量属于适度负荷的生理表现是________。

A. 呼吸急促　　B. 汗珠滚落

C. 入睡较难　　D. 食欲正常

27. 户外体育活动前保育员要检查设备、体育活动器械等是否存在安全隐患，包括器械准备要合理，如________。

A. 准备少量的器械　　B. 准备大量的器械

C. 无序放置的器械　　D. 分类的适量器械

28. 课上发现婴幼儿有不良的学习动作、习惯时，保育员要轻轻上前________。

A. 呵斥制止　　B. 严厉干涉

C. 帮助纠正　　D. 鼓励安慰

29. 课上发现有注意力转移或违反纪律的婴幼儿时，保育员要及时走过去________。

A. 安慰　　B. 爱抚

C. 陪伴　　D. 制止

参考答案及说明

一、判断题

1. √	2. ×	3. ×	4. ×	5. √	6. ×	7. ×	8. ×	9. √	10. √
11. √	12. √	13. ×	14. ×	15. ×	16. ×	17. ×	18. ×	19. √	20. ×
21. ×	22. ×	23. ×	24. ×	25. √	26. √	27. ×	28. √	29. √	30. ×
31. ×	32. ×	33. √	34. ×	35. √	36. √	37. ×	38. √	39. ×	40. ×
41. √	42. √								

【说明】

2. ×　正确的姿势不是天生的，而是在整个学前阶段形成的。

3. ×　婴幼儿正确的卧姿是仰卧或右侧卧。

4. ×　当孩子做出不良的姿势时，应具体告诉孩子正确姿势是什么样的，并做出正确的示范。

6. ×　器械的投放要讲求实用，否则可能会出现器械伤人现象。

7. ×　室外教育活动前除了要检查地面有无积水、沙石、坑洼等危险因素外，还要根据教育活动的内容选择合适的场地。

8. ×　不平整的场地不适合进行跑步类练习，但可以进行攀登、平衡类练习。

13. ×　活动量不足时，可以通过增强活动的紧张度、增加活动次数与运动时间、拓展活动范围等方式来增加孩子的生理负荷。

14. ×　在《幼儿园工作规程》中有明确的规定：幼儿户外活动的时间在正常情况下不得少于 2 小时。

15. ×　室外活动时，要尽可能让所有的孩子在教师和保育员的视线范围之内，不要让孩子在老师的身后或是跑到活动场地的视线死角范围。

16. ×　保育员应配合教师指导和保护孩子们进行有一定挑战性的练习活动。

17. ×　事业有成型家长有较高的文化修养、善于表达，有感有思，但不善于倾听，他们的孩子往往缺乏自信。

18. × 针对不同类型的家长，沟通方式也应不同。

20. × 在去医院诊治前，保育人员只能向家长描述症状，不可轻易下判断。

21. × 3 岁 8 个月男孩的正常生理指标：体重 11. 8~20. 4 kg，身高 92. 0~108. 16 cm。

22. × 5 岁 6 个月幼儿能区分早晨和下午，知道一年四季的名称，同时已经形成死亡的概念。

23. × 玩/教具的提供要适时，出示得太早容易分散婴幼儿的注意力。

24. × 玩具提供以适量、适时为原则，数量太多反而会影响婴幼儿专注力。

27. × 游戏也能促进婴幼儿美育的发展，如表演游戏对美育有促进作用。

30. × 善于聆听是与家长沟通的一种基本能力。

31. × 教具的使用不应多多益善，以防分散婴幼儿的注意力。

32. × 教具使用前要放到婴幼儿看不到的地方，以避免分散婴幼儿的注意力。

34. × 在游戏的全过程中，婴幼儿都要用语言来交流思想，商讨各种办法，这就促进了婴幼儿语言的发展。

37. × 做操结束后，保育员协助教师组织婴幼儿安全有序地返回教室，一般是教师走在队前，保育员走在队尾。

39. × 只有运动达到适度疲劳如呼吸较快、微微出汗时，才能有效地锻炼婴幼儿身心。

40. × 过度疲劳是幼儿运动负荷超量造成的，会对幼儿身体造成损害。

二、单项选择题

1. B 孩子们排开成半圆形坐位时，保育员一般应站在后面；排成圆形活动时，教师和保育员面对面站立；分组活动时，教师和保育员成斜对角站位。

2. D 婴幼儿正确的站姿是两肩保持水平，双臂自然下垂，上体保持正直，两脚自然分开，整个身体挺拔、向上。

3. D 柔软的草地可以进行跳远类练习，而粗糙的水泥地面不适合进行跳跃类练习。

4. B

5. A 可通过婴幼儿的脉搏来判断运动量是否适宜，活动中的婴幼儿心率应为每分钟 130 次以上，最高不超过每分钟 180 次，心率恢复时间为 5 min 内。

6. B 保育员应根据天气和活动量为婴幼儿增减衣服。

7. D 运动中，出现脸色稍红，出汗不多，呼吸较快；动作协调、准确，步态轻稳都属于适度疲劳。

8. D 动作协调性、准确性和速度均降低，甚至出现步态不稳、颤抖等现象，同时注意力分散、反应迟钝、表现出倦怠或疲乏，都是过度疲劳的动作表现。

9. A

10. D　保育员在配合室外教育活动中，应根据天气和每个孩子的实际活动量为婴幼儿增减衣服。

11. A

12. C　保育员配合室外教育活动，要观察场地上孩子的活动状况及运动量，制止不良行为，适时进行运动卫生教育。

13. D　婴幼儿的着装检查是室外教育活动中的关键环节，室外教育活动前保育员和教师应提醒和检查孩子们的着装。

14. A　教师组织孩子们活动的时候，如果涉及器械的使用，教师要先示范，除了能让孩子们看到正确的动作之外，也再检视一遍所器械是否安全。

15. D　孩子们进行自由游戏活动时，教师和保育员最好站在对角的位置。孩子们分组排队活动时，保育员站在队伍的最后。

16. D

17. D　溺爱型家长太过关心孩子吃、睡及一切有关孩子的事情，害怕孩子受到一点伤害或欺负，或者存在补偿心理。

18. B　满 5 岁幼儿的语言发育特点是：能运用礼貌用语，友好地与人相处；有推理和想象能力，会补充句子；讲故事能带表情，能用不同的声音代表不同的人讲话，演节目时带表情，有感染力；有的孩子太内向或者害羞，常常不敢同客人讲话，可以加强锻炼。

19. B　3 岁 8 个月幼儿的生理指标正常范围：男孩体重 12. 2～20. 2 kg，身高 93. 0～109. 1 cm；女孩体重 11. 8～20. 4 kg，身高 92. 0～108. 16 cm。

20. D　6 岁 6 个月幼儿的认知发育特点：具备读写的能力，学习用算式做加减计算；集中注意力达到 20 min，懂得守纪律不迟到早退，上课不随便发言；开始懂得规则意识；可以和家长一起看图表；会看日历图，知道今天是星期几，是几月几日，能记住一些重要的日期；学看街道简图，能指出自己家庭所在的位置、幼儿园所在的位置。

21. B　婴幼儿一旦走出教室，存在安全隐患的概率就大大增加，所以不能一人带一队。

22. C

23. D

24. D　前三项反应特征属于运动超负荷的过度疲劳。

25. B　因为在坚硬的水泥地面上跳跃容易发生脑震荡。

26. D　呼吸急促、汗珠滚落、入睡较难等属于超负荷的生理表现。

27. D　器械过少或过多都会给婴幼儿的活动带来安全隐患。

28. C　因为不良习惯是长期造成的，不是严厉制止能解决的，必须帮助纠正。

29. D　安慰、爱抚和陪伴都不能解决问题。

技能操作辅导练习题

【题目1】纠正婴幼儿不良姿势

1. 考场准备

（1）本题分值：13分。

（2）考核时间：5 min。

（3）考核形式：模拟操作+口述。

（4）设备设施准备：计时器、桌子、椅子、笔、纸。

2. 考核要求及注意事项

（1）考生口述保持良好姿势对婴幼儿身心发展的意义及纠正程序，演示正确的姿势。

（2）按考核要点要求依次进行，时间一到立即停止操作，操作超过5 min本题零分。

3. 考核目的

保育人员掌握纠正婴幼儿常见不良姿势的步骤与方法。

4. 评分项目及标准

评分项目	考核要点	配分	评分标准
1. 口述保持良好姿势的意义	（1）婴幼儿阶段是骨骼、肌肉及身体各器官和系统生长、发育的关键时期（0.5分） （2）如果在这一阶段养成了不正确的姿势，不仅影响体态的美观，更会直接影响健康（0.5分）	1分	错、漏一项扣0.5分
2. 演示正确的姿势	（1）正确的走姿：上体正直（0.5分）；双手在行进过程中自然地摆动（0.5分）；上、下肢动作协调（0.5分）；步伐均匀，有精神（0.5分） （2）正确的站姿：两肩水平，双臂自然下垂（0.5分）；上体保持平直（0.5分）；两脚自然分开（0.5分）；整个身体挺拔向上（0.5分） （3）正确的跑姿：上体稍向前倾（0.5分）；两手握拳，屈肘在体侧（0.5分）；能随身体的运动自然地前后摆动（0.5分）；跑步时用前脚掌着地，步伐均匀（0.5分） （4）正确的读写姿势：端坐于桌前（0.5分）；身体离桌子一拳远（0.5分），眼睛离书本一尺远（0.5分）；书写时一只手握在离笔端半寸左右的距离上，另一只手自然地扶着书本（0.5分） （5）正确的坐姿：头端正，脚放平（0.5分）；身体直立、稳定不乱晃（0.5分）	9分	错、漏一处扣0.5分

续表

评分项目	考核要点	配分	评分标准
3. 口述纠正不良姿势的程序	（1）示范（0.5分） （2）讲解要领（0.5分） （3）让孩子模仿（0.5分） （4）日常检查和提醒（0.5分）	2分	错、漏一项扣0.5分
4. 口述注意事项	（1）注意观察，及时纠正（0.5分） （2）掌握教育技巧，及时表扬，正面强化（0.5分）	1分	错、漏一项扣0.5分
合计		13分	

【题目2】室内教育活动配合

1. 考场准备

（1）本题分值：10分。

（2）考核时间：5 min。

（3）考核形式：口述。

（4）设备设施准备：计时器、桌子、椅子、笔、纸。

2. 考核要求及注意事项

（1）明确教学活动前的准备、活动中的配合和活动后的整理工作要求。

（2）按考核要点要求依次进行，时间一到立即停止操作，操作超过5 min本题零分。

3. 考核目的

保育人员掌握教育活动前的准备与协助活动的方法。

4. 评分项目及标准

评分项目	考核要点	配分	评分标准
1. 活动前的准备	（1）检查室内环境：保证室内空气流通（0.5分）、温度适宜（0.5分） （2）询问带班老师教学活动：需要准备哪些教具和玩具（0.5分）；需要的具体数量多少（0.5分）；是否需要帮助制作玩/教具（0.5分）；桌椅如何摆放（0.5分） （3）按教学活动要求准备足够的玩/教具（0.5分）；确保玩/教具清洁，按要求分发玩/教具（0.5分）	4分	错、漏扣一处扣0.5分
2. 活动过程中的配合	（1）配合教师按步骤展示教具，帮助教师顺利完成教学活动过程（0.5分）；弥补教学活动中忽视的问题（0.5分） （2）观察与辅导：纠正孩子的不良动作和习惯（0.5分）；制止注意力转移和违反纪律的行为（0.5分）；参与孩子们的活动，引导他们思考（0.5分）；关注特殊的孩子，做好个别观察记录（0.5分）	3分	错、漏一处扣0.5分

续表

评分项目	考核要点	配分	评分标准
3. 活动后的整理	（1）整理玩/教具：协助教师收拾整理玩/教具（0.5分）；放回玩具柜以备后用（0.5分）；也可以指导幼儿帮忙整理（0.5分） （2）清洁活动场地：倒掉废弃物（0.5分）；用扫把清理地面上的垃圾纸屑（0.5分）；摆放好桌椅（0.5分）	3分	错、漏一处扣0.5分
合计		10分	

【题目3】室外教学活动配合

1. 考场准备

（1）本题分值：14分。

（2）考核时间：5 min。

（3）考核形式：口述。

（4）设备设施准备：计时器、桌子、椅子、笔、纸、啦啦花。

2. 考核要求

（1）提前熟悉教案，准备材料清单。

（2）明确室外教学活动前的准备、活动中的配合和活动后的整理工作要求。

（3）按考核要点要求依次进行，时间一到立即停止操作，操作超过5 min本题零分。

3. 考核目的

保育人员掌握室外教学活动的准备与配合流程。

4. 评分项目及标准

评分项目	考核要点	配分	评分标准
1. 活动准备	（1）熟悉教案，根据人数准备活动所需物品（0.5分） （2）检查活动场地：检查活动场地的安全性（0.5分）；清除水渍和杂物（0.5分）；排除场地中可能存在的安全隐患（0.5分） （3）材料准备：按教师的活动要求，准备拉花若干（数量不少于6个）（0.5分），如发现啦啦花有坏损和脱落要及时修整（0.5分） （4）生活准备：活动前提醒孩子喝水（0.5分）；提醒小便，特别提醒有特殊需要的孩子（0.5分）；提醒和帮助孩子根据天气情况及时增减衣服（0.5分） （5）组织孩子到活动场地：教师走在队前，保育员走在队尾（0.5分）；组织孩子安全有序地下楼（0.5分）；排好队按指定位置进入操场（0.5分）	6分	错、漏一处扣0.5分

续表

评分项目	考核要点	配分	评分标准
2. 活动配合	（1）随时观察孩子活动情况，及时制止孩子的危险动作和不当行为（1分） （2）善于观察，帮助教师维持秩序（1分） （3）示范和纠正个别孩子的不规范动作（1分） （4）观察孩子的活动量，调整特殊孩子的活动强度（1分） （5）处理突发事件，活动中如遇意外伤害及时处理，严重者及时就医（1分）	5分	错、漏一项扣1分
3. 活动后整理	（1）协助教师清点人数，整理队形（0.5分） （2）教师走在队前，保育员走在队尾，协助教师组织孩子安全有序地返回教室（0.5分） （3）提醒孩子安静、有秩序地喝水，关注每个人的喝水量及是否疲倦（0.5分） （4）提醒体弱儿及时穿衣（0.5分） （5）整理活动场地卫生，收集好拉花，摆放整齐，放到体育器材室或带回教室（0.5分） （6）关注全体婴幼儿及特殊孩子，记录活动名称、活动时长、孩子面色、呼吸、出汗量并及时做好特殊孩子观察记录（0.5分）	3分	错、漏一项扣0.5分
合计		14分	

【题目4】婴幼儿室外活动时危险行为的发现与制止

1. 考场准备

（1）本题分值：10分。

（2）考核时间：5 min。

（3）考核形式：口述。

（4）设备设施准备：计时器、桌子、椅子、笔、纸。

2. 考核要求

（1）了解不适合婴幼儿开展的室外活动。

（2）及时发现和制止婴幼儿的室外活动危险行为，教会婴幼儿室外活动自我保护的方法。

（3）按考核要点要求依次进行，时间一到立即停止操作，操作超过5 min本题零分。

3. 考核目的

保育人员掌握正确的室外活动危险行为识别与防范阻止方法。

4. 评分项目及标准

评分项目	考核要点	配分	评分标准
1. 操作准备	（1）检查室外活动场地安全，排除场地中可能存在的安全隐患（1分） （2）检查活动器械的安全性，排查器械可能存在的安全隐患（1分） （3）判断不适合婴幼儿开展的活动：与教师沟通，了解此次活动教育的目标及活动内容（0.5分）；一些成人的运动项目不适合婴幼儿活动，例如，玩扩胸器、拔河比赛、掰手腕、双脚跳比赛等过量的耐久性活动（0.5分）	3分	错、漏一处扣相应分值
2. 操作程序	（1）保护婴幼儿进行挑战性行为：如翻滚运动、走平衡木、爬攀登架、荡秋千等时，保育员要配合带班教师站在婴幼儿旁边做好指导和保护（1分） （2）制止危险行为：观察孩子们的活动状况（0.5分）；果断制止婴幼儿进行不符合其身心发展特点、损害健康的自发练习（0.5分） （3）及时进行安全教育：组织婴幼儿进行四散跑、快速跑时，要提醒他们在奔跑时不能低头猛冲，要学会随时观察周围情况，学会躲避和闪让，避免相互碰撞而跌倒（1分）；组织婴幼儿进行追逐跑时，要提醒他们拍到对方即可，不要抓住衣服或手之后就不放，被拍到的婴幼儿也应该立即停止，不再奔跑（1分）；玩球类游戏时，注意不让球砸到自己，也不能把球往别人的头上、身上丢或踢，要把握好球的行进方向，以防伤到自己或是他人（1分）；分组玩游戏的时候，要提醒婴幼儿保持适当的安全距离，以免在活动进行当中产生推挤、后者追撞前者、被前者的脚踢到等情况发生（1分）	6分	错、漏一处扣相应分值
3. 注意事项	（1）活动后返班或上课前，要检查婴幼儿身上有没有影响安全的物品，如小刀、别针、小扣子、小珠子、玻璃片等（0.5分） （2）活动结束之后，可以针对活动时所发生的一些情况与孩子们进行讨论或分享（0.5分）	1分	错、漏一项扣0.5分
合计		10分	

【题目5】与工作繁忙型家长的沟通与交流

1. 考场准备

（1）本题分值：10分。

（2）考核时间：5 min。

（3）考核形式：口述。

（4）设备设施准备：计时器、桌子、椅子、笔、纸。

2. 考核要求

（1）掌握与工作繁忙型家长沟通的特点及技巧。

（2）按考核要点要求依次进行，时间一到立即停止操作，操作超过5 min本题零分。

3. 考核目的

保育人员掌握正确的与工作繁忙型家长的沟通方法。

4. 评分项目及标准

评分项目	考核要点	配分	评分标准
1. 工作繁忙型家长的特点	（1）老人带养孩子，对孩子比较娇惯、溺爱（1分） （2）家长得到的信息都是间接的、不准确的（1分）	2分	错、漏一项扣1分
2. 与工作繁忙型家长沟通的技巧	（1）通过微信（0.5分）、电话（0.5分）、校信通（0.5分）等方式，主动找孩子父母沟通，发给家长孩子在园的照片、作品（0.5分） （2）聊孩子在园的生活情况、学习情况、说过的话、行为表现等（1分） （3）将活动信息提前直接通知到家长本人，邀请家长务必参与活动（1分），让家长直观感受托幼机构的教育和孩子在园生活情况（1分） （4）解决潜在问题，通过家访、小型家长会等，引导家长认识到父母是孩子的第一任老师（1分）；家长应多学习（1分），多参与对孩子的教育（0.5分），通过家园共育引领孩子健康成长（0.5分）	8分	错、漏一处扣相应分值
合计		10分	

【项目6】与文化偏低型家长的沟通与交流

1. 考场准备

（1）本题分值：10分。

（2）考核时间：5 min。

（3）考核形式：口述。

（4）设备设施准备：计时器、桌子、椅子、笔、纸。

2. 考核要求

（1）掌握与文化偏低型家长沟通的特点和技巧。

（2）按考核要点要求依次进行，时间一到立即停止操作，操作超过5 min本题零分。

3. 考核目的

保育人员掌握正确的与文化偏低型家长的沟通方法。

4. 评分项目及标准

评分项目	考核要点	配分	评分标准
1. 文化偏低型家长的特点	（1）比较片面地认为教育是托幼机构的事（1分） （2）不爱学习，不容易接受新知识、新事物等（1分），跟不上教育的步伐（1分）	3分	错、漏一处扣1分

续表

评分项目	考核要点	配分	评分标准
2. 与文化偏低型家长沟通的技巧	（1）反复多次与家长沟通（1分），注意言语要通俗易懂（1分） （2）明确父母是孩子的第一任老师（1分），教育是家长和老师共同的责任（1分） （3）社会在不断进步，家长要与孩子共同成长（1分） （4）多邀请家长来园参加各种活动，如志愿者、讲座、家长学校等活动（1分），让家长耳濡目染地慢慢进步（1分）	7分	错、漏一处扣1分
合计		10分	

【题目7】与患病婴幼儿家长的交流与沟通

1. 考场准备

（1）本题分值：12分。

（2）考核时间：5 min。

（3）考核形式：口述。

（4）设备设施准备：计时器、桌子、椅子、笔、纸。

2. 考核要求及注意事项

（1）考生掌握孩子入园时沟通内容，知道如何观察孩子的病情，掌握离园时沟通内容。

（2）按考核要点要求依次进行，时间一到立即停止操作，操作超过5 min本题零分。

3. 考核目的

保育人员掌握与患病婴幼儿的家长进行交流与沟通的正确方法。

4. 评分项目及标准

评分项目	考核要点	配分	评分标准
1. 入园交流	（1）向家长了解孩子目前的身体状况，询问是否去医院进行诊治，是否为传染病（0.5分） （2）若为疑似传染病，向家长说明情况，请家长将孩子带回家中隔离治疗（0.5分） （3）了解孩子前一天晚上身体状况，以及病情的转归情况（0.5分） （4）了解孩子前一天晚上体温、精神状态、饮食、睡眠、大小便等情况是否正常（0.5分） （5）由保健医生为孩子进行晨检，根据晨检情况向家长进行反馈（1分） （6）了解孩子带药情况：现场查看所带药品，问清服药时间、服药方法、服药剂量（1分）；请家长在“服药登记表”逐一登记，并签名（1分） （7）了解是否有需要特殊交代的事宜（1分）	6分	错、漏一处扣相应分值

续表

评分项目	考核要点	配分	评分标准
2. 离园沟通	（1）交代孩子离园时的病情转归情况（1分） （2）交代孩子当天在园的情况：如当天的体温、精神状态、睡眠、饮食、大小便、室外活动及上课状态等整体情况（1分） （3）交代孩子的服药情况，剩余药品请家长带回（1分） （4）指导孩子回家后食疗：提醒家长在孩子患病期间应保持饮食清淡，保证水分的供给（1分） （5）交代第二天来园的注意事项：晨起时注意孩子的体温、精神状况，如病情加重应及时就诊（1分）；病情稳定或好转可继续来园，并注意着装、携带所需药品（1分）	6分	错、漏一处扣相应分值
合计		12分	

第二部分　模拟试卷

保育员初级理论知识考核模拟试卷

一、判断题（第 1~40 题。将判断结果填入括号中，正确的填"√"，错误的填"×"。每题 0.5 分，满分 20 分）

1. 职业道德是调节本职工作与社会关系的基本手段。　　（　　）

2. 遵纪守法是指保育员在遵守职业纪律的同时，其行为必须符合国家法律法规。　　（　　）

3. 当婴幼儿行为不符合保育员期待时，应大声斥责，让婴幼儿保持安静。　　（　　）

4. 婴幼儿骨组织中有机质和无机质各占 1/2。因此，婴幼儿的骨骼弹性大而硬度小，容易因不当的姿势等而发生骨骼变形。　　（　　）

5. 食堂出口、入口应使用不低于 80 cm 的挡鼠栅栏，防止老鼠进入。　　（　　）

6. 抹布、拖把不能混用，每次用完应随时清洁，清洁后分类悬挂、晾干。　　（　　）

7. 保温水桶的内胆和外部可以用一块干净的抹布擦洗。　　（　　）

8. 盥洗室内的各种用具、设备在婴幼儿离园后需每天彻底清洁一次。　　（　　）

9. 餐具可以在教室洗手池里洗。　　（　　）

10. 消毒灯管要用酒精棉棒擦拭。　　（　　）

11. 便池每天随时用随时冲刷，每周五用漂白粉浸泡后彻底清洁一次。　　（　　）

12. 含氯消毒剂用于传染病消毒时，作用时间不少于 30 min。　　（　　）

13. 盥洗室消毒尽量使用二溴海因消毒剂，如果用含氯消毒剂，应保证有效氯浓度达到 200 mg/L。　　（　　）

14. 如遇阴雨天气，可将书摊开放在室内紫外线消毒灯下照射 30 min 进行紫外线消毒。　　（　　）

15. 实施 6S 管理的幼儿园教室应清晰划分出各个区域，每一个区域都有责任人。　　（　　）

16. 婴幼儿的消化特点是咀嚼能力有限、吞咽能力有限、消化能力弱、胃容量小。
( )

17. 餐前桌面消毒时擦拭的顺序是从前到后、从上到下，不留天窗，再四边四角。
( )

18. 餐桌用消毒毛巾擦拭后，过 30 min 再用净水毛巾擦拭。 ( )

19. 正确使用餐后小毛巾擦脸方法：双手拿毛巾，从嘴角两边向中间擦；对折，再擦脸；再对折，擦手；把毛巾摊开后放在指定地方。 ( )

20. 在孩子饮水前，保育员须先放空两杯水，再用手腕内侧试温。也可以准备专用的测温杯子接一杯水，用中心温度计测量水温，以确保水温的安全。 ( )

21. 根据班级人数分组洗手，每组不超过 10 人。 ( )

22. 七步洗手法的步骤是内、外、夹、弓、大、立、腕。 ( )

23. 婴幼儿起床后，保育员应先照顾婴幼儿穿衣、小便；然后将被子叠好，统一摆放整齐，将窗帘拉开，打开窗户通风。 ( )

24. 午睡“两开两关”，即脱衣前、穿衣前关窗，午睡时、穿好衣服后适当开窗。
( )

25. 托幼机构中所有公共财物都应该分类登记造册，明确物品数量、采购日期和使用人，以便定时清点管理。 ( )

26. 日常工作中，应该加强对教室内设备的爱护和保养，配合园所对这些设备进行常规的维修。细心观察教室内的墙面、地板、天花板、门窗、供暖设备、上下水管道、家具（桌椅）、电器（电风扇、插座等）等设备使用情况，发现异常及时报修或更换，避免出现危险。 ( )

27. 床具应一人一床、专人专用、做好标记，可在床边写上孩子的姓名和编号等，便于孩子辨认。 ( )

28. 教师使用的大剪刀、美工刀等，不能随意放置，将应放置在婴幼儿不能接触的地方，如带锁的抽屉、教师的办公室等。 ( )

29. 定期检查入册物品的质量，出现损坏要做坏损登记。如有借出，应及时登记并索还，以免丢失。 ( )

30. 保育员应该每日晨、晚间巡视各班级一次，中午不需要巡视。 ( )

31. 对疑似或确诊为传染病的婴幼儿要立即上报、隔离，由保育员自行处理即可。
( )

32. 对带药入托幼机构的婴幼儿，协助他们服药前要认真核对姓名、药名、服用时间、服用剂量、服用方法，及时观察婴幼儿的病情变化。 ( )

33. 婴幼儿出现粪便偏稀、含白色蛋白凝块、次数变多的情况，但精神、食欲正常，化验大便正常，也属于正常。（　）

34. 托幼机构中婴幼儿如果发生摔、碰、划破皮肤等事故应及时上报并告知家长，经家长同意后方能处理。（　）

35. 托幼机构不应该拒绝乙肝表面抗原阳性但肝功能正常的婴幼儿入托幼机构。（　）

36. 为预防近视，婴幼儿应减少看电视、手机、电脑等电子媒体时间，每天不超过 2 h。（　）

37. 日光中的紫外线照射于皮肤，在身体内可产生内源性维生素 D，它帮助吸收食物中的钙、磷，从而促进身体骨骼的生长。（　）

38. 空气浴通过气温和体表温度之间的差异形成刺激，随着气温越低，作用时间变长，刺激强度就减弱。（　）

39. 身体姿势的正确与否，对儿童身体的正常生长发育会产生极大的影响。（　）

40. 患病幼儿离园时，要及时与家长交代该幼儿当天在园的情况及服药情况。（　）

二、单项选择题（第 41~200 题。下列每题有 4 个选项，其中只有 1 个是正确的，请将其代号填写在横线空白处。每题 0.5 分，满分 60 分）

41. 保育员生活管理与教育职业功能包括进餐管理与指导、饮水管理与指导、盥洗如厕管理与指导、________、物品管理。

A. 情绪管理　　B. 睡眠照料

C. 健康观察　　D. 清洁

42. 保育员的职业能力特征包括具备人格健全、身心健康、热爱儿童、有责任心，有一定的语言表达和________。

A. 组织能力，观察敏锐、身体灵活等

B. 爱岗敬业

C. 文明礼貌

D. 教学能力

43. 职业行为是指人们对职业劳动的认识、评价、情感和态度等综合素养的行为反映，是职业道德、职业能力、职业素养的具体呈现，是________达成的基础。

A. 职业习惯　　B. 职业语言

C. 职业兴趣　　D. 职业目的

44. 确立________意识是从事婴幼儿保育思想工作的核心前提之一。

A. 立德树人　　B. 秉承社会本质的服务与教育过程

C. 服务家长　　D. 遵纪守法

45. 保育员应尊重婴幼儿人格，维护其合法权益，平等对待每个人，________。

A. 不讽刺、挖苦、歧视孩子　　B. 不体罚或变相体罚孩子

C. 信任孩子　　D. 以上全部

46. 保育员言语基本规范有________。

A. 婴幼儿哭闹时要斥责不要哭

B. 使用普通话，与婴幼儿说话时用词规范、语速适中、态度温和、语言生动

C. 使用方言进行引导

D. 恐吓再哭出去

47. 乳牙不仅是咀嚼的工具，而且对促进颌骨的发育、恒牙的正常萌出有重要意义。口腔保健时应________。

A. 1 岁以内的婴儿每次进食后，家长应用干净的纱布蘸湿温开水给婴儿擦牙床

B. 1 岁后婴儿每次进食后家长指导其用温开水漱口，喝一口漱三下吐出来，连续喝三口

C. 3 岁时开始刷牙

D. 1 岁以内的婴儿每次进食后应用干净的纱布蘸湿温开水给婴儿擦牙床、1 岁后婴儿每次进食后用温开水连续三次漱口，3 岁时开始刷牙

48. 口腔、咽、食管、胃、小肠、大肠等属于消化系统中的________。

A. 消化管　　B. 消化腺

C. 呼吸道　　D. 循环系统

49. “三浴”锻炼指的是________。

A. 沙浴、水浴、草浴　　B. 足浴、水浴、空气浴

C. 日光浴、水浴、空气浴　　D. 沙浴、水浴、空气浴

50. 热敷法一般每 5 min 更换一次毛巾，最好交替使用两块毛巾。每次热敷时间以________ min 为宜，每天可进行 3~4 次。

A. 5~10　　B. 10~15

C. 15~20　　D. 20~25

51. 鼻塞、流涕、打喷嚏、干咳、咽部不适，发热、烦躁不安、头痛、全身不适、乏力等，是________的症状表现。

A. 支气管哮喘　　B. 上呼吸道感染

C. 反复呼吸道感染　　D. 腹泻

52. 在照护荨麻疹患儿时，尽可能避免接触过敏原，去除各种诱发因素，如________。

A. 摩擦、压力、冷、热、日光照射

B. 动物皮毛

C. 牛奶、鸡蛋、鱼、虾、螃蟹、油漆、药物等

D. 以上全部

53. 在划伤、切伤的处理中优先选用________消毒。

A. 碘伏　　B. 75%浓度的酒精

C. 凡士林油　　D. 红霉素药膏

54. 佝偻病与长期缺乏________有关。

A. 钠　　B. 磷

C. 钙　　D. 钾

55. 维生素 A 缺乏是导致________的重要原因之一。

A. 婴幼儿感染　　B. 失明

C. 死亡　　D. 以上全部

56. 7~24 月龄婴幼儿推荐母乳喂养，满 6 月龄起添加辅食，从________开始，逐步添加达到食物多样。

A. 富含锌的泥糊状食物　　B. 富含钙的泥糊状食物

C. 富含铁的泥糊状食物　　D. 富含碘的泥糊状食物

57. 在辅食喂养过程中，照护人应及时感知婴儿所发出的饥饿或饱足的信号，并作出恰当的回应，进行顺应喂养，进餐时不能让其看电视、玩玩具，每次进餐时间不超过________min。

A. 5　　B. 10

C. 15　　D. 20

58. 婴幼儿大运动的发育，遵循着________的顺序。

A. 从头到脚　　B. 从下肢到上肢

C. 从手部到臂部　　D. 从精细动作到肢体动作

59. 婴儿的社会性发展主要体现在________和自我发展等几个方面。

A. 亲子依恋　　B. 同伴交往

C. 亲社会行为　　D. 以上全部

60. 可搭 2~3 块积木，全手握笔，自发乱画，会打开盒盖，倒出瓶中小物体用手去捏，这些符合________月龄发展特点。

A. 3　　B. 6

C. 10　　D. 15

61. 会跳绳，能从 3~4 级的台阶上跳下，会拍球、踢球，可以边跑边拍，边跑边踢，这

些是________岁幼儿的运动特征。

A. 2~3　　B. 3~4

C. 4~5　　D. 5~6

62. 能用笔学习写字、折纸、剪复杂图形，能用铅笔书写简单的汉字和10以内的阿拉伯数字，会自己穿鞋、扣扣子，这些是________岁幼儿的发育特征。

A. 2~3　　B. 3~4

C. 4~5　　D. 5~6

63. 托幼机构保育环境的特点有________。

A. 环境的教育性　　B. 环境的生态性

C. 环境的控制性　　D. 以上全部

64. 保育环境的教育性原则是指________。

A. 与婴幼儿保育目标相结合　　B. 以季节性为主题

C. 以美观为主　　D. 服务家长审美

65. 运动区、视觉区、触摸区、娃娃家、生活自理区、音乐区、球区等区域环境归属于________。

A. 睡眠环境　　B. 卫生环境

C. 课程环境　　D. 营养环境

66. 学前教育机构物质环境创设要求体现教育性和________。

A. 符合幼儿审美　　B. 体现差异性

C. 服务于保育工作的需要　　D. 以上全部

67. 不在托幼机构但属于托幼机构组织的园外社区或者社会实践活动中的人身伤害属于________。

A. 社会意外伤害　　B. 托幼机构意外伤害

C. 家庭意外伤害　　D. 活动机构意外伤害

68. 属于建筑设施设备伤害的有________。

A. 建筑设计不规范引起的伤害　　B. 保教活动中的自身伤害

C. 管理不到位引发的安全问题　　D. 设备设施安装不规范引起的伤害

69. 《托儿所、幼儿园建筑设计规范》（JGJ 39—2016）规定防护栏杆的高度应从地面计算，且净高不应小于________m。

A. 0.9　　B. 1

C. 1.1　　D. 1.5

70. 环境清洁有利于婴幼儿养成良好的________习惯。

A. 生活卫生　　B. 饮食

C. 睡眠　　D. 学习

71. 托幼机构室内清洁一般程序中第一个程序是________。

A. 清扫地面　　B. 开窗通风

C. 整理床铺　　D. 擦拭墙面

72. 普通灯管清洁应________。

A. 一个月一次　　B. 一周一次

C. 两周一次　　D. 一周两次

73. 冬季睡眠室的通风应在午睡前________ min 停止，避免婴幼儿进入时温度太低。

A. 15　　B. 30

C. 45　　D. 60

74. 开窗通风一般每次________ min。

A. 5　　B. 10

C. 15~20　　D. 60

75. 建议玩具柜的清洁频率是________。

A. 每周 1 次　　B. 每周 2 次

C. 每 2 天 1 次　　D. 每天 1 次

76. 玩具清洁后摆放的要求是________。

A. 集中放在一起　　B. 随意放在玩具柜里

C. 摆放整齐　　D. 按原位放置

77. 建议门框、门主体清洁每周一次，门把手清洁________。

A. 每周 1 次　　B. 每周 2 次

C. 每 2 天 1 次　　D. 每天 1 次

78. 消毒灯管要用________擦拭。

A. 酒精棉棒　　B. 湿抹布

C. 半干抹布　　D. 干抹布

79. 七步洗手法中“立”指的是________。

A. 洗指缝　　B. 洗指背

C. 洗指尖　　D. 洗手碗

80. 毛巾清洁时，需要在温水中浸泡________ min。

A. 10　　B. 20

C. 30　　D. 60

81. 餐巾清洁时，需要在温水中浸泡________ min。

A. 10 B. 20

C. 30 D. 60

82. 餐具须在________清洗消毒。

A. 教室 B. 厨房

C. 固定地点 D. 消毒柜旁

83. 活动室清洁的基本步骤是________。

A. 擦拭门→擦拭窗→清洁玩具柜→擦拭桌椅→清洁地面

B. 擦拭门→擦拭窗→清洁玩具柜→擦拭桌椅→清洁地面→物品摆放→清洁抹布、拖把

C. 开窗通风→擦拭灯具→清洁墙壁→擦拭门→擦拭窗→清洁玩具柜→擦拭桌椅→清洁地面→物品摆放→清洁抹布、拖把

D. 开窗通风→擦拭灯具→清洁墙壁→擦拭门→擦拭窗→清洁地面→物品摆放

84. 清洗后的水杯晾晒时杯口方向应________。

A. 朝上 B. 朝下

C. 横放 D. 以上全部

85. 幼儿便池、马桶清洁程序是________。

A. 用消毒液从上到下擦拭墙面瓷砖及便器扶手→用去污粉擦净、冲洗→用洁厕剂擦拭→用消毒液消毒

B. 用去污粉擦净冲洗→用洁厕剂擦拭→用消毒液消毒

C. 用洁厕剂擦拭→用消毒液消毒

D. 用消毒液从上到下擦拭墙面瓷砖及便器扶手→用洁厕剂擦拭→用消毒液消毒

86. 蒸汽消毒时，被消毒物品应________放置，其间并留有空隙。

A. 水平 B. 垂直

C. 交叉 D. 均匀

87. 物体表面消毒，紫外线灯照射时间为________ min。

A. 30~60 B. 60~90

C. 90~120 D. 60~120

88. 不能用二溴海因消毒剂进行消毒的是________。

A. 水果蔬菜 B. 物体表面

C. 呕吐物 D. 皮肤

89. 对门把手进行消毒时，如果用含氯消毒液，有效氯含量为________ mg/L。

A. 400　　B. 300

C. 600　　D. 500

90. 餐具每次使用前要煮沸消毒________min。

A. 10　　B. 15

C. 20　　D. 30

91. 毛巾悬挂时，两毛巾间隔距离为________cm。

A. 10　　B. 15

C. 20　　D. 30

92. 二溴海因消毒剂用于预防性消毒时，浓度为________mg/L。

A. 250　　B. 200

C. 300　　D. 400

93. 餐桌消毒时使用二溴海因消毒剂作用时间是________min。

A. 5　　B. 10

C. 20　　D. 15

94. 阴雨天气图书用紫外线消毒时，消毒时间是________min。

A. 20　　B. 30

C. 40　　D. 60

95. 盥洗室地面、厕所每天早晚各用________mg/L 二溴海因消毒剂溶液洗刷 1 遍。

A. 200　　B. 300

C. 400　　D. 500

96. 室外大型玩具消毒，如果用含氯消毒剂，应保证有效氯含量达到________mg/L，消毒时间 20~30 min。

A. 100　　B. 300

C. 500　　D. 700

97. 在确认室内无人、关闭门窗的情况下，打开悬吊式或移动式紫外线灯，直接照射室内________min，可以达到空气消毒的目的。

A. 10　　B. 30

C. 60　　D. 120

98. 煮沸消毒时水一定要浸没餐具、水杯、炊具，水沸后煮________min。

A. 5　　B. 10

C. 15　　D. 30

99. 氯酸钠、漂白粉、84 消毒液等属于________。

A. 过氧化物类消毒剂
B. 二溴海因消毒剂
C. 含氯消毒剂
D. 季铵盐类消毒剂

100. 消耗性清洁用品包括________。
A. 洗洁精、一次性口罩、洁厕剂
B. 洗洁精、洁厕剂、手套
C. 水盆、毛巾、洁厕剂
D. 洗洁精、毛巾、洁厕剂

101. 如存放不当，可能发生爆炸的消毒剂是________。
A. 二溴海因
B. 含氯消毒剂
C. 酒精
D. 过氧乙酸

102. 6S 管理中整顿的内涵是________。
A. 整齐摆放物品
B. 快速找到所需物品
C. 定期清除杂物
D. 优化工作作风

103. 消毒液安全管理方式有________。
A. 入柜加锁
B. 配制时应戴橡皮手套
C. 药物配制应在搪瓷或塑料容器内
D. 以上全部

104. 特殊照料婴幼儿的餐具应________。
A. 专人使用
B. 专门消毒
C. 专门存放
D. 以上全部

105. 幼儿的进餐时间应不少于________ min。
A. 15
B. 20
C. 30
D. 40

106. 保育员分发餐具时，应根据________分发餐具。
A. 家长嘱咐
B. 老师要求
C. 婴幼儿年龄
D. 以上都是

107. 保育员对食欲差的体弱儿应做到________。
A. 不想吃就不吃
B. 循序渐进逐渐增加膳食量
C. 只喝果汁
D. 只喝奶

108. 下列关于漱口的认识正确的是________。
A. 托班婴儿年龄小，不用漱口
B. 漱口习惯的培养是班级教师的事，保育员不用管
C. 漱口习惯的培养只能靠家长的引导
D. 婴幼儿在园漱口的习惯培养需要班级教师和保育员共同教育引导

109. 保育员为婴幼儿分发菜肴应________。

A. 单一　　　　B. 因人盛菜

C. 均匀、齐全　　　　D. 一次分光

110. 保育员给婴幼儿分发饭菜要________。

A. 只添一次　　　　B. 少盛多添

C. 只盛一次　　　　D. 多盛少添

111. 餐食分发后的摆放，饭碗、汤碗、菜盘分别在________。

A. 左后、前、右后　　　　B. 前、左后、右后

C. 左后、左前、右后　　　　D. 前、右、左

112. 幼儿餐后漱口可以________。

A. 保护牙齿　　　　B. 降低龋齿率

C. 保护牙齿、降低龋齿率　　　　D. 不清楚

113. 婴幼儿正确的进餐姿势是________。

A. 身体坐正，靠近餐桌　　　　B. 一手拿勺子或筷子

C. 一手扶碗，专心吃饭　　　　D. 以上全部

114. 2~3 岁小儿的食物应________。

A. 切细、熟软　　　　B. 切小片、小丁

C. 去骨、去刺　　　　D. 以上全部

115. 在进餐的过程中发现幼儿有挑食行为，进餐安排座位时可让________幼儿坐在一起，让挑食儿有个好的榜样。

A. 挑食幼儿和挑食　　　　B. 挑食幼儿和不挑食

C. 不挑食幼儿和不挑食　　　　D. 无所谓都可以

116. 保温水桶应每天清洗________次，每周消毒一次。

A. 1　　　　B. 2

C. 3　　　　D. 4

117. 消毒好的水杯放入杯橱时，应对照相应的标志，杯柄朝________，杯口不接触到橱壁。

A. 外　　　　B. 里

C. 左　　　　D. 右

118. 水杯清洁后应放在________里待消毒。

A. 水池　　　　B. 沥水篮

C. 杯橱　　　　D. 消毒柜

119. 水在人体内含量最高，一般占体重的________。

A. 40%～60%　　B. 50%～70%

C. 60%～80%　　D. 70%～90%

120. 冬季婴幼儿饮水温度可在________℃左右。

A. 20　　B. 30

C. 40　　D. 50

121. 在婴幼儿饮水前，保育员须先放空两杯水，再用________试温。

A. 手腕内侧　　B. 手腕外侧

C. 手臂　　D. 手心

122. 在婴幼儿盥洗时，保育员正确的护理是________。

A. 提醒孩子不玩水　　B. 给孩子打很多泡沫

C. 甩掉手上的水滴　　D. 互相泼水

123. 七步洗手法的步骤是________。

A. 内、外、弓、夹、大、立、腕　　B. 内、外、夹、弓、立、大、腕

C. 内、外、夹、弓、大、立、腕　　D. 内、外、弓、夹、立、大、腕

124. 下列说法错误的是________。

A. 可以帮助托班、小班婴儿脱裤子

B. 可以抱着能力较弱的婴幼儿如厕

C. 可以帮助托班、小班婴儿擦屁股

D. 可以鼓励托班、小班婴儿使用蹲便

125. 当婴幼儿慢慢适应新环境后，可________，直至婴幼儿能够独立入睡。

A. 增加陪伴次数　　B. 逐渐减少陪伴次数

C. 不用陪伴　　D. 让其单独入睡

126. 夏季使用空调降温时注意温度不要设置太低，以与室外温度相差不超过________℃为宜。

A. 5　　B. 10

C. 15　　D. 20

127. 关于婴幼儿优质睡眠“三不要”照护原则，下列表述错误的是________。

A. 不要依赖拍抱或摇晃等安抚方式让婴幼儿入睡

B. 不要让婴幼儿只有在喂奶后才能入睡

C. 不要过度干扰婴幼儿夜晚睡眠

D. 不要在婴幼儿犯困时将其放在床上

128. 保育员可采用推测的方法确定婴幼儿尿床的具体时间，按照喝水后大约半个小时

的排尿规律，在婴幼儿上床________，将手伸进被褥试探婴幼儿是否尿床并做好记录。

A. 25 min 左右　　B. 30 min 左右

C. 35 min 后　　D. 40 min 后

129. 下列________不属于睡前指导内容。

A. 指导入睡前脱衣准备　　B. 指导叠放衣裤、鞋子

C. 提醒婴幼儿小便　　D. 指导叠被

130. 下列________不属于睡前安全检查的内容。

A. 检查床铺　　B. 检查幼儿口腔

C. 提醒取下发饰放入固定容器中　　D. 即脱即睡

131. 安排床位时，全体婴幼儿应做到________。

A. 头朝一个方法睡　　B. 统一方向睡

C. 头脚交叉睡　　D. 脚与脚相对睡

132. 一般________婴幼儿应安排在背风处。

A. 怕热的　　B. 体弱的

C. 咳嗽的　　D. 好动的

133. 婴幼儿午睡时保育员至少每________ min 应巡视一次。

A. 5　　B. 15

C. 20　　D. 0

134. 物品管理，包括对班级的________物品的管理。

A. 玩具、教具　　B. 图书、餐具

C. 婴幼儿的被褥、其他用具　　D. 以上全部

135. 托幼机构中所有公共财物都应该分类登记造册，记录________，以便定时清点管理。

A. 物品数量、采购日期和使用人　　B. 物品数量、采购日期和采购人

C. 物品数量、采购日期和条形码　　D. 物品数量、采购人和条形码

136. 保育员擦拭床具过程中应同时检查螺丝是否有松动，如果发现问题________，保证床铺使用时的安全。

A. 须及时上报相关负责人，由负责人派专人维修

B. 自行维修

C. 不用理会

D. 报告教师后不用理会

137. 婴幼儿的衣物、书包等摆放时要求做到________。

A. 整齐　　B. 易拿取

C. 标识清晰　　D. 以上全部

138. 玩具、运动器械等应________。

A. 按标识摆放　　B. 摆放整齐、有序

C. 便于拿取和保管　　D. 以上全部

139. 对新购入的玩具应关注玩具的________信息，仔细、如实地登记在物品登记本上。

A. 玩具名称、数量　　B. 材质或品牌

C. 颜色、质量、购入日期等　　D. 以上全部

140. 对玩具做安全检查时，应同时将实物与记录进行核对，如出现实物与入册不符合须________。

A. 及时查找原因　　B. 询问老师如何处理

C. 质问孩子　　D. 以上都不对

141. 对教室内的墙面、地板、天花板、门窗、供暖设备、上下水管道、家具（桌椅）、电器（电风扇、插座等），________。

A. 保育员不需要检查其安全　　B. 保育员应加强维护保养

C. 保育员只管检查，不用理会　　D. 以上都不对

142. 健康婴幼儿的精神状态不包括________。

A. 反应敏捷　　B. 活泼好动

C. 精神萎靡　　D. 情绪饱满

143. 关于晨检下列描述错误的是________。

A. 询问婴幼儿在家中的精神状态、睡眠情况

B. 查看喉咙是否红肿、出疱疹或者脓点

C. 给婴幼儿测量体温

D. 若发现患儿咳嗽等症状，先入班观察情况

144. 流行性感冒一般以________季多见。

A. 春夏　　B. 春秋

C. 春冬　　D. 秋冬

145. 关于流行性感冒，下列描述错误的是________。

A. 主要通过飞沫传播

B. 通过碗筷、用具等接触不会传播

C. 人口密度大的地方容易传播

D. 发病 1~5 天内病毒存在于病人鼻咽部分泌物中，借咳嗽、打喷嚏进行传播

146. 关于婴幼儿健康的表现下列正确的是________。

A. 身高和体重均匀速增长　　B. 表皮油脂过多

C. 眼睛无神　　D. 呼吸急促

147. 若婴幼儿在戏耍玩闹中不慎造成尖锐的物品刺入皮肤，且部位较深，下列做法错误的是________。

A. 立即对局部皮肤进行消毒

B. 通知家长，同时拨打 120 急救电话送医

C. 暂时不移动孩子，以免扎入更深

D. 自行拔出尖锐物品，以免扎入更深

148. 幼托机构的晨检工作不包括________。

A. 一问　　B. 二看

C. 三触　　D. 四查

149. 晨检中“查”指的是检查________。

A. 精神状态　　B. 有无发热

C. 有无淋巴结肿大　　D. 有无危险物品

150. 吃药片或药丸时，保育员要指导和帮助婴幼儿把药片或药丸放在舌头________部。

A. 前　　B. 中

C. 中后　　D. 后

151. 定期体检中________能为准确评价婴幼儿生长发育水平提供重要的信息。

A. 体重、身高　　B. 胸围

C. 皮下脂肪　　D. 上下部比

152. 某幼儿身高为均值+0.8SD，应评价为________。

A. 中下　　B. 中

C. 中上　　D. 上

153. 下列关于肥胖的说法错误的是________。

A. 标准体重 20%以上为肥胖　　B. 超过标准体重 20%～30%为轻度肥胖

C. 超过标准体重 50%为重度肥胖　　D. 超过标准体重 30%～50%为重度肥胖

154. 婴幼儿是否饮食充足可通过________指标判定。

A. 大便　　B. 食物的重量

C. 生长曲线　　D. 睡眠量

155. 5 岁的小刚今日测量腋温为 38.5 ℃，目前体温属于________。

A. 低热　　B. 中热

C. 高热　　D. 超高热

156. ________不属于正常大便的性状。

A. 呈黄色糊状　　B. 呈金黄色条状

C. 黑色带血　　D. 呈绿色含白色蛋白凝块

157. 婴幼儿入托时，幼托机构应查验的项目不包括________。

A. 婴幼儿入园健康检查表　　B. 婴幼儿保健手册

C. 出生证明　　D. 预防接种证

158. 为了预防龋齿，儿童要从________开始刷牙。

A. 出第一颗牙　　B. 1 岁

C. 2 岁　　D. 乳牙出齐

159. 下列关于预防近视的说法不正确的是________。

A. 读书时间不宜太长，看书或写字 30~40 min 应该让眼睛休息一会儿

B. 居室及教室应光线充足，减轻眼睛疲劳

C. 减少看电视、手机、电脑等电子媒体时间

D. 只要孩子喜欢，可以躺着读书

160. 下列关于日光浴的作用描述正确的是________。

A. 抑制内源性维生素 D，促进钙磷代谢

B. 促进内源性维生素 D 合成，促进钙磷代谢

C. 促进内源性维生素 D 合成，抑制钙磷代谢

D. 抑制内源性维生素 D，抑制钙磷代谢

161. 空气浴选择________时间段进行最合适。

A. 春季上午 11—12 点　　B. 夏季上午 9—10 点

C. 秋季上午 10—11 点　　D. 冬季下午 3—4 点

162. 空气浴一般选择的地点是________。

A. 不通风的室内　　B. 室温 20 ℃以上的室内

C. 室温 20 ℃以下的室内　　D. 气温在 20~25 ℃的室外

163. 日光浴选择________间段进行最合适。

A. 春季上午 11—12 点　　B. 夏季上午 7—8 点

C. 秋季上午 9—10 点　　D. 冬季下午 2—3 点

164. 患儿发热时，为了退热进行水浴，此时水温应该________。

A. 比体温高 1~2 ℃　　B. 比体温低 1~2 ℃

C. 在 50 ℃左右　　D. 在 45 ℃左右

165. 孩子们排成半圆形坐位时，保育员一般站在孩子们的________。

A. 正前方　　B. 后方

C. 侧前方　　D. 侧方

166. ________为婴幼儿不正确的站姿。

A. 两肩保持水平，双臂自然下垂　　B. 整个身体挺拔、向上

C. 上体保持正直，两脚自然分开　　D. 两肩歪斜、胯松懈

167. 跳远类练习需要选择________。

A. 粗糙的水泥地　　B. 有破损的塑胶地

C. 有积水的沙坑　　D. 柔软的草地

168. 婴幼儿运动前不需要检查________。

A. 衣着　　B. 饮水量

C. 鞋子　　D. 口袋

169. 婴幼儿处于有效锻炼状态时的平均心率应该保持在________次/分钟。

A. 130~180　　B. 100~150

C. 120~170　　D. 110~160

170. 保育员应善于根据天气的情况和________为婴幼儿增减衣服。

A. 家长的要求　　B. 孩子的活动量

C. 孩子的要求　　D. 教育的目标

171. 婴幼儿体育活动的负荷量处于适度疲劳时的生理表现是________。

A. 脸色通红　　B. 满头大汗

C. 呼吸急促　　D. 动作协调

172. 过度疲劳时，婴幼儿的动作会________。

A. 协调　　B. 准确

C. 步态轻稳　　D. 略有迟钝

173. 关于婴幼儿在幼托机构穿的衣服，下列符合安全要求的是________。

A. 宽松的运动服　　B. 复杂偏亮的公主裙

C. 连体衣　　D. 带很多装饰物的上衣

174. 在________时保育员应了解婴幼儿的实际活动量，及时为其增减衣服。

A. 教育活动　　B. 游戏活动

C. 配合室内活动　　D. 配合室外活动

175. 在幼儿园，参考天气情况和活动量给婴幼儿增减衣服主要是________的责任。

A. 保育员　　B. 教师

C. 家长　　D. 园长

176. 保育员配合室外教育活动，要帮助婴幼儿检查服装和鞋帽，并________，随时提醒、帮助婴幼儿增减衣服。

A. 观察孩子的兴趣　　B. 观察孩子的活动范围

C. 观察孩子的运动量　　D. 观察孩子的安全意识

177. 室外活动前要________，以确保他们在活动中的安全。

A. 检查孩子们鞋子和衣服

B. 检查教室内的玩具

C. 检查孩子们口袋是否携带不安全物品

D. A+C

178. 教师组织孩子们活动的时候，如果涉及器械的使用，教师应________。

A. 做示范　　B. 孩子一起玩

C. 老师和孩子一起玩　　D. 选个别幼儿先玩

179. 孩子们进行自由游戏活动时，教师和保育员应________，并适当进行位置调整，一定不要站在一起。

A. 站一起　　B. 后方站

C. 两边站　　D. 对角站

180. 与不同类型家长合作时应讲究方法，如针对金口难开型的家长，应________。

A. 积极、主动找家长沟通，拉家常、聊天，与其建立朋友关系

B. 将孩子的照片、视频、成长日记、作品等发给家长看，让家长了解孩子的在园情况，让家长放心、安心，循序渐进地建立起信赖关系

C. 经常邀请家长来园参加志愿者、讲座等集体活动，增强互动

D. A+B+C

181. 溺爱型家长的特点是________。

A. 关心孩子吃、睡　　B. 存在补偿心理

C. 不担心孩子受到伤害或欺负　　D. A+B

182. 有推理和想象能力，会补充句子，同时讲故事能带表情，能用不同的声音代表不同的人讲话，这是________幼儿的语言发育特点。

A. 4 岁　　B. 满 5 岁

C. 满 6 岁　　D. 6 岁 6 个月

183. 3 岁 8 个月女孩生理指标的正常范围是________。

A. 体重 11. 8~19. 3 kg，身高 90. 9~106. 4 cm

B. 体重 11.8～20.4 kg，身高 92.0～108.16 cm

C. 体重 12.2～20.2 kg，身高 93.0～109.1 cm

D. 体重 12.3～21.5 kg，身高 94.1～111.3 cm

184. ________幼儿应会看日历图，知道今天是星期几，是几月几日，能记住一些重要的日期。

A. 满 5 岁　　B. 5 岁 6 个月

C. 4 岁　　D. 6 岁 6 个月

185. 关于保育员协助教师组织婴幼儿安全有序地到户外活动，下列的做法错误是________。

A. 教师走在队前　　B. 保育员和教师一人带队即可

C. 保育员走在队尾　　D. 教师和保育员一起共同带队

186. 心理学认为，最容易被交往对象所看重的品质是________。

A. 尊重　　B. 平等

C. 真诚　　D. 换位

187. 与家长保持平等关系，保证与家长顺利交谈的必要条件是________。

A. 多加肯定　　B. 多加表扬

C. 真诚交谈　　D. 尊重家长

188. 婴幼儿体育活动的负荷量处于适度疲劳时的生理表现是________。

A. 脸色稍红　　B. 满头大汗

C. 呼吸急促　　D. 反应迟钝

189. 不规则的场地不适合进行跑步类练习，但可以进行攀登、平衡类练习，柔软的草地可以进行跳远类练习，而坚硬的水泥地面则不适合进行________练习。

A. 平衡类　　B. 跳跃类

C. 投掷类　　D. 钻爬类

190. 婴幼儿的运动负荷量属于适度疲劳的生理表现是________。

A. 运动中呼吸急促　　B. 运动中汗珠滚落

C. 运动后入睡较难　　D. 运动后食欲增加

191. 进行户外体育活动时，保育员要检查设备、体育活动器械等是否存在安全隐患，________。

A. 准备少量的器械　　B. 准备大量的器械

C. 无序放置器械　　D. 分类准备适量器械

192. 课上发现婴幼儿有不良的学习动作、习惯时，保育员要上前________。

A. 呵斥制止
B. 严厉干涉
C. 帮助纠正
D. 鼓励安慰

193. 课上发现有注意力转移或违反纪律的婴幼儿时，保育员要及时走过去________。
A. 安慰
B. 爱抚
C. 陪伴
D. 制止

194. 由于幼儿生理发育水平很低，身体各系统、各器官功能都还不完善，成人的游戏项目不适合幼儿练习，如________。
A. 跳绳
B. 掰手腕
C. 拍球
D. 跑步

195. 婴幼儿运动量不足时，不能通过________方式增加运动量。
A. 增强活动的紧张度
B. 增加活动次数与运动时间
C. 拓展活动范围
D. 缩短活动时间

196. 婴幼儿在________时的活动量是有差异的，保育员要注意观察孩子们的活动，及时了解孩子的实际活动量，及时为孩子增减衣服。
A. 团体活动
B. 小组活动
C. 室内活动
D. 自由活动

197. ________不是家长工作的原则。
A. 尊重性原则
B. 平等性原则
C. 教育性原则
D. 附和性原则

198. 班级家长工作一般秉承________的原则。
A. 尊重，真诚对待
B. 鼓励参与
C. 一视同仁、区别对待
D. A+B+C

199. 要求多、斤斤计较，事事都持怀疑态度，不能与保教老师和谐沟通，孩子与同伴也不和谐，这是________型家长的特点。
A. 争强好胜
B. 热心
C. 溺爱
D. 挑剔

200. 下列符合 3~4 岁幼儿社会交往方面正确评价与描述的是________。
A. 在老师提醒下，遵守上课要求及游戏规则，爱护玩具和图书，借别人的东西知道归还
B. 在老师提醒下，孩子能保持正确的跑、跳和投篮姿势
C. 孩子能较熟练的使用筷子，画简单图形并用剪刀沿图形剪纸
D. 喜欢用图画表达一定的意思

保育员初级理论知识考核模拟试卷参考答案及说明

一、判断题

1. √	2. √	3. ×	4. √	5. ×	6. √	7. ×	8. √	9. ×	10. √
11. √	12. ×	13. ×	14. √	15. √	16. √	17. ×	18. √	19. √	20. √
21. ×	22. √	23. ×	24. √	25. √	26. √	27. √	28. √	29. √	30. ×
31. ×	32. √	33. √	34. ×	35. √	36. ×	37. √	38. ×	39. √	40. √

【说明】

3. × 婴幼儿哭闹时，保育员应查询原因，尊重孩子，不可大声训斥和责骂。

5. × 食堂出口、入口应使用结实耐用的挡鼠栅栏，栅栏不低于 60 cm，防止老鼠进入。

7. × 擦拭保温水桶时，内胆和外部的清洁应分别使用不同的抹布擦洗，避免交叉污染。

9. × 餐具的清洁程序是除渣→洗涤→清洗→消毒。先用碱水或洗涤剂将油腻洗净，再用清水冲洗 2 遍。餐具要求在厨房清洗、消毒，用专用洗碗池，一去渣、二清洗、三消毒、四保洁、五输送。餐具不得在班级洗手池里洗。

12. × 含氯消毒剂包括次氯酸钠、漂白粉、漂白粉精、84 消毒液等，用于传染病消毒，浓度为有效氯含量 500 mg/L，作用时间 20~30 min。

13. × 盥洗室消毒尽量使用二溴海因消毒剂，如果用含氯消毒剂，应保证有效氯含量达到 400 mg/L。

17. × 餐前桌面消毒时擦拭的顺序是从左到右、从上到下，不留天窗，再四边四角。

21. × 组织婴幼儿喝水前须先根据班级人数分组洗手，一般每组不超过 8 人。

23. × 婴幼儿起床后，保育员应先照顾婴幼儿穿衣、小便与喝水，少了喝水环节；被子是先翻转过来晾一晾后再叠好、放整齐。

30. × 保育员应每日晨、午、晚间巡视各班级一次，了解婴幼儿的精神、饮食、睡眠、大小便、情绪、行为等情况，发现患病婴幼儿应及时上报，并尽快与家长联系。

31. × 对疑似或确诊为传染病的婴幼儿要立即上报、隔离，由卫生保健人员进行诊断处理。

34. × 托幼机构中如果发生摔、碰、划破皮肤等事故应及时上报、处理，告知家长，并做好记录。

36. × 为预防近视，婴幼儿应减少看电视、手机、电脑等电子媒体时间，每次不超过 15 min，每天不超过 1 h。

38. × 空气浴是通过气温和体表温度之间的差异形成刺激，气温越低，作用时间越长，刺激强度就越大，能促进机体新陈代谢、锻炼呼吸器官并增强心脏功能。

二、单项选择题

41. B	42. A	43. D	44. A	45. D	46. B	47. D	48. A	49. C	50. C
51. B	52. D	53. A	54. C	55. D	56. C	57. D	58. A	59. D	60. D
61. D	62. D	63. D	64. A	65. C	66. D	67. B	68. A	69. A	70. A
71. B	72. A	73. D	74. C	75. B	76. C	77. D	78. A	79. C	80. C
81. C	82. B	83. C	84. B	85. A	86. B	87. A	88. D	89. D	90. B
91. A	92. A	93. B	94. B	95. D	96. C	97. C	98. C	99. C	100. A
101. D	102. B	103. D	104. D	105. B	106. C	107. B	108. D	109. C	110. B
111. B	112. C	113. D	114. D	115. B	116. A	117. A	118. D	119. C	120. C
121. A	122. A	123. C	124. B	125. B	126. A	127. D	128. D	129. D	130. D
131. D	132. B	133. B	134. D	135. A	136. A	137. A	138. C	139. D	140. A
141. B	142. C	143. D	144. C	145. B	146. A	147. D	148. C	149. D	150. C
151. A	152. B	153. C	154. C	155. B	156. C	157. C	158. A	159. D	160. B
161. C	162. B	163. A	164. B	165. B	166. D	167. D	168. B	169. A	170. B
171. D	172. D	173. A	174. D	175. A	176. C	177. A	178. A	179. D	180. D
181. D	182. B	183. B	184. D	185. B	186. C	187. D	188. A	189. B	190. D
191. D	192. C	193. D	194. B	195. D	196. D	197. D	198. D	199. D	200. A

保育员初级技能操作考核模拟试卷

【题目 1】盥洗室清洁

1. 考场准备

（1）本题分值：10 分。

（2）考核时间：5 min。

（3）考核形式：模拟操作+口述。

（4）设备设施准备：清洁杯具内部和清洁水池的专用清洁布 2 块，拖把、水盆、水桶、去污粉、刷子、橡胶手套等。

2. 考核要求及其注意事项

（1）演示工作准备、口述清洁要求、口述基本程序、演示盥洗室清洁的具体步骤。

（2）按考核要点要求依次进行，时间一到立即停止操作，操作超过 5 min 本题零分。

【题目 2】活动场所物品的消毒

1. 考场准备

（1）本题分值：10 分。

（2）考核时间：5 min。

（3）考核形式：模拟操作。

（4）设备设施准备：消毒液、毛巾架、餐桌、门把手等。

2. 考核要求及其注意事项

（1）演示餐桌、毛巾架、门把手等物品的清洁消毒方法和步骤。

（2）按考核要点要求依次进行，时间一到立即停止操作，操作超过 5 min 本题零分。

【题目 3】为婴幼儿分发餐食

1. 考场准备

（1）本题分值：13 分。

（2）考核时间：10 min。

（3）考核形式：模拟操作+口述。

（4）设备设施准备：餐车 1 辆、熟食盛器 1 个、汤桶 1 个、盛饭勺 1 把、盛菜勺 1 把、汤勺 1 把、不锈钢碗若干、不锈钢小菜碟若干。

2. 考核要求及注意事项

（1）考生口述环境准备、个人准备，演示餐食准备、分发、餐具摆放的具体操作步骤，口述注意事项。

（2）按考核要点要求依次进行，时间一到立即停止操作，操作超过 10 min 本题零分。

【题目 4】保温水桶的清洁

1. 考场准备

（1）本题分值：10 分。

（2）考核时间：5 min。

（3）考核形式：模拟操作+口述。

（4）设备设施准备：保温水桶、保温水桶专用毛巾、餐具清洗剂、流动水、开水。

2. 考核要求及注意事项

（1）考生口述物品准备、个人准备，演示清洁前工作、清洁过程，口述注意事项。操作顺序要求由内向外，不随意擦拭。

（2）按考核要点要求依次进行，时间一到立即停止操作。

【题目 5】婴幼儿入睡时的护理

1. 考场准备

（1）本题分值：12 分。

（2）考核时间：5 min。

（3）考核形式：模拟操作+口述。

（4）设备设施准备：模拟娃娃 1 个、小床，被子 1 套、记录本。

2. 考核要求及注意事项

（1）考生口述并操作演示有序组织入睡、巡视、纠正不良睡姿、午睡中“两开两关”。

（2）按考核要点要求依次进行，时间一到立即停止操作，操作超过 5 min 本题零分。

【题目 6】协助晨、午、晚检

1. 考场准备

（1）本题分值：10 分。

（2）考核时间：5 min。

（3）考核形式：模拟操作。

（4）设备设施准备：压舌板、手电筒、体温计、记录笔、记录表、晨检牌、模拟人或实人。

2. 考核要求及其注意事项

（1）示范正确的一问、二看、三摸、四查检查流程，报告检查结果。

（2）按考核要点要求依次进行，时间一到立即停止操作，操作超过 5 min 本题零分。

【题目 7】协助婴幼儿服药

1. 考场准备

（1）本题分值：10 分。

（2）考核时间：5 min。

（3）考核形式：模拟操作+口述。

（4）设备设施准备：装药的塑料袋、婴幼儿服药记录表、温水、一次性杯子、量杯、少许维生素片（模拟药物）、模拟娃娃。

2. 考核要求及其注意事项

（1）考生操作演示药物登记及保存、服药前准备、协助服药时的正确流程及服药后的记录。

（2）按考核要点要求依次进行，时间一到立即停止操作，操作超过 5 min 本题零分。

【题目 8】纠正婴幼儿不良姿势

1. 考场准备

（1）本题分值：13 分。

（2）考核时间：5 min。

（3）考核形式：模拟操作+口述。

（4）设备设施准备：桌子、椅子、笔、纸、计时器。

2. 考核要求及注意事项

（1）考生口述保持良好姿势对婴幼儿身心发展的意义及纠正程序，演示正确的姿势。

（2）按考核要点要求依次进行，时间一到立即停止操作，操作超过 5 min 本题零分。

【题目 9】与患病婴幼儿家长的交流与沟通

1. 考场准备

（1）本题分值：12 分。

（2）考核时间：5 min。

（3）考核形式：口述。

（4）设备设施准备：计时器、桌子、椅子、笔、纸。

2. 考核要求及注意事项

（1）考生掌握孩子入园时沟通内容，知道如何观察孩子的病情，掌握离园时沟通内容。

（2）按考核要点要求依次进行，时间一到立即停止操作，操作超过 5 min 本题零分。

保育员初级技能操作考核模拟试卷评分标准

【题目1】盥洗室清洁

1. 考核目的

保育人员应掌握盥洗室清洁的具体步骤与方法。

2. 评分项目及标准

评分项目	考核要点	配分	评分标准
1. 演示工作准备	（1）个人准备：穿上专用工作服，戴好帽子，将头发塞到帽子里，并戴上口罩（口罩要遮住口鼻），在流动水下使用洗手液洗净双手（0.5分） （2）物品准备：清洁杯具内部和清洁水池的专用清洁布2块，拖把、水盆、水桶、去污粉、刷子、橡胶手套等（0.5分）	1分	错、漏一项扣0.5分
2. 口述清洁要求	（1）地面无污渍、无积水；水池整洁干净，下水管处无污物；便池及时冲洗，无尿碱、无臭味、无蚊蝇（0.5分） （2）门窗、灯具、水杯、保温桶、水杯架等清洁干净，香皂、卫生纸摆放及时，室内无垃圾堆放（0.5分） （3）室内各种用具、设备在婴幼儿离园后每天彻底清洁一次（0.5分） （4）清洁用具必须分区使用：教室、睡眠室、卫生间抹布、拖布分开使用与管理，杜绝“一把拖布四处拖，一块抹布到处抹”“细菌大搬家”的清洁方式（0.5分）	1分	错、漏一项扣0.5分，扣完为止
3. 口述基本程序	开窗通风→擦拭灯具→清洁墙壁→擦拭门→擦拭窗→清洁保温桶→清洁水杯→清洁毛巾（干手器）→清洁水池→冲洗便池→准备香皂、卫生纸→清洁地面→垃圾处理→清洁双手	1分	错、漏一处扣0.5分，扣完为止

续表

评分项目	考核要点	配分	评分标准
4. 演示具体步骤	（1）开窗通风（0.5分） （2）擦拭灯具（0.5分） （3）清洁墙壁（0.5分） （4）擦拭门（0.5分） （5）擦拭窗（0.5分） （6）清洁保温桶（0.5分） （7）清洁水杯（0.5分） （8）清洁毛巾（干手器）（0.5分） （9）清洁水池（0.5分） （10）冲洗便池（0.5分） （11）准备香皂、卫生纸（0.5分） （12）清洁地面（0.5分） （13）垃圾处理（0.5分） （14）清洁双手——七步洗手法（0.5分）	7分	错、漏一项扣0.5分
合计		10分	

【题目2】活动场所物品的消毒

1. 考核目的

保育人员掌握正确的餐桌、毛巾架、门把手等物体表面清洁消毒方法。

2. 评分项目及标准

评分项目	考核要点	配分	评分标准
1. 演示工作准备	（1）个人准备：保育员穿上专用工作服，戴好帽子，将头发塞到帽子里，并戴上口罩（口罩要遮住口鼻）、手套，在流动水下使用洗手液洗净双手（1分） （2）物品准备：配制好的有效氯消毒液、水盆、喷壶、清水抹布、消毒抹布等（1分）	2分	错、漏一项扣1分
2. 演示清洁操作步骤	（1）餐桌清洁：清—消—清（1分） （2）毛巾架：表面每天用清水擦拭1遍（1分） （3）门把手：每天用清水擦拭2遍。传染病流行季节用清水擦1遍，再用含氯消毒剂溶液擦1遍（1分）	3分	错、漏一项扣1分
3. 演示消毒操作步骤	（1）餐桌消毒：消毒使用100~250 mg/L二溴海因消毒剂溶液（1分）作用10~30 min（1分） （2）毛巾架等用有效氯消毒剂（有效氯100~250 mg/L）浸泡（1分）消毒10~30 min（1分） （3）门把手：使用100~250 mg/L二溴海因消毒剂溶液，每日擦拭一遍（1分） （4）家具等物体表面消毒后可用生活饮用水将残留消毒剂去除。消毒时间10 min（1分）	4分	错、漏一项扣1分

续表

评分项目	考核要点	配分	评分标准
4. 口述整理物品注意事项	消毒液应放在婴幼儿拿不到的地方并记录（1分）	1分	未正确口述注意事项扣1分
合计		10分	

【题目3】为婴幼儿分发餐食

1. 考核目的

保育人员掌握进餐照护及有特殊需要儿童进餐照护的能力。

2. 评分项目及标准

评分项目	考核要点	配分	评分标准
1. 口述餐前准备	（1）环境准备：温湿度适宜、明亮、安全、避免对流风（0.5分） （2）个人准备：着装整洁、戴工作帽和口罩（0.5分）	1分	错、漏一项扣0.5分
2. 演示分发餐食	（1）将米饭捣松；盛汤前用汤勺搅拌，使汤和菜混合（1分） （2）按顺序分发：蔬菜、荤菜、饭、汤（1分） （3）分发时轻拿轻放，分发过程中保育员的手不能接触食物（1分） （4）按照公平对待、少盛多添的原则，吃一桌发一桌（1分） （5）饭菜和汤不要盛得太满，通常盛到饭碗的2/3处即可（1分） （6）体弱儿先发，肥胖儿最后发，病号菜、营养菜分发到位（1分）	6分	未正确操作演示、漏项，每项扣相应分值
3. 演示餐具摆放	（1）使用小碗时，三个碗呈倒三角放置，即饭碗在前，汤碗在左后，菜碗在右后（1分） （2）如果使用餐盘，餐盘盛米饭的一个格朝向幼儿（1分）	4分	未正确操作演示、漏项，每项扣相应分值
4. 口述注意事项	（1）对食物过敏婴幼儿的饭菜必须确认不包含过敏食物；注意饭菜的温度，做到冬暖夏温凉（1分） （2）保育员给孩子递送饭菜或汤时，不能从孩子的头顶越过，要从其面前递送，且高度以孩子视线以下为宜（1分）	2分	未正确操作演示、漏项，每项扣1分
合计		13分	

【题目4】保温水桶的清洁

1. 考核目的

保育人员熟练掌握保温水桶的清洁方法，保障饮水安全。

2. 评分项目及标准

评分项目	考核要点	配分	评分标准
1. 口述准备工作	（1）物品准备：保温水桶、保温水桶专用毛巾、餐具清洗剂、流动水、开水（0.5分） （2）个人准备：着装整洁、修剪指甲、清洁双手（0.5分）	1分	错、漏一项扣0.5分
2. 演示清洁前工作	去除水桶里的剩余水（1分）	1分	错、漏扣1分
3. 演示清洁过程	（1）选用保温水桶专用毛巾、餐具清洗剂清洗（2分） （2）由内向外，从上到下，先洗桶内壁再洗外壁四周及盖子、壶嘴（2分） （3）清洗并冲洗干净，再倒适量开水，晃动水桶，冲洗桶内壁并用水龙头放水冲洗（2分）	6分	错、漏一项扣2分
4. 口述注意事项	（1）保温水桶专用毛巾使用后每天清洁、蒸汽消毒（1分） （2）蒸气消毒时间为冒气后至少持续半小时（1分）	2分	错、漏一项扣1分
合计		10分	

【题目5】婴幼儿入睡时的护理

1. 考核目的

保育人员掌握婴幼儿入睡时需关注的重点，在巡视中纠正不良睡姿。

2. 评分项目及标准

评分项目	考核要点	配分	评分标准
1. 有序组织入睡	（1）安排小组分批入睡（1分） （2）指导孩子根据室温脱去相应的衣服、裤子，至少要脱去外衣、外裤和鞋子，并放在指定的地方（1分）	2分	未正确操作演示、漏项，每项扣1分
2. 纠正不良睡姿	（1）纠正俯卧、跪卧、蒙被入睡等不良睡姿（3分） （2）动作应轻柔（1分） （3）引导幼儿仰睡（1分）	5分	未正确操作演示、漏项，每项扣1分
3. 午睡中“两开两关”	（1）保持室内空气流通（1分） （2）正确做好“两开两关”：脱衣前、穿衣前关窗，午睡时、穿好衣服后适当开窗（1分）	2分	未正确操作演示、漏项扣1分，扣完为止
4. 巡视	（1）做好巡视护理，每15 min巡视一次（1分） （2）关注未入睡的孩子及异常情况，及时帮助、正面引导（1分） （3）对特殊的孩子进行照顾（1分）	3分	未正确操作演示、漏项扣1分，扣完为止
合计		12分	

【题目6】协助晨、午、晚检

1. 考核目的

保育人员掌握正确的协助晨、午、晚检的方法。

2. 评分项目及标准

评分项目	考核要点	配分	评分标准
1. 工作准备	（1）衣帽整齐（0.5分） （2）脱去手套和帽子（0.5分）	1分	错、漏一项扣0.5分
2. 一问	（1）询问家长，了解孩子的精神、食欲、睡眠、大小便、情绪、行为等情况，有无咳嗽、流涕、腹泻、呕吐、传染病接触史、外出史等（1分） （2）询问孩子有无身体不舒适、疼痛，有无情绪不佳（1分）	2分	错、漏一项扣1分
3. 二看	（1）查看面色是否正常，眼部有无流泪、眼结膜充血、流涕等，皮肤（面部、耳后、双手、颈部等）是否有皮疹、出血点，查看指甲是否过长（1分） （2）查看口腔黏膜有无溃疡、疱疹，牙龈有无红肿等（1分） （3）查看咽部，让孩子张口，发“a”音，用压舌板压舌，观察双侧扁桃体及咽部有无溃疡、疱疹、出血点。传染病流行季节进行有侧重点的查看（1分）	3分	错、漏一项扣1分
4. 三摸	（1）用手触摸孩子额头，以检查是否发热，发现可疑者应及时测量体温，确定是否发热。确定发热者要及时送往保健室，由保健医生进行诊治、护理（1分） （2）仔细触摸颈部、耳后、枕部等部位淋巴结；触摸两侧腮腺部是否肿大、疼痛（1分）	2分	错、漏一项扣1分
5. 四查	（1）检查孩子口袋中是否携带可造成创伤的玩具（如石子、弹珠、小刀、玻璃刀等）（0.5分） （2）检查有无携带食品（0.5分）	1分	错、漏一项扣0.5分
6. 报告结果	根据检查结果发放晨检牌（可口述）： 红牌：给晨检合格者，领牌进班（0.5分） 绿牌：给身体不适但未带药的孩子（0.5分） 黄牌：给带药的孩子，须填写“婴幼儿服药单”（0.5分）	1分	错、漏一项扣0.5分，扣完为止
合计		10分	

【题目 7】协助婴幼儿服药

1. 考核目的

保育人员掌握正确的协助婴幼儿服药的方法。

2. 评分项目及标准

评分项目	考核要点	配分	评分标准
1. 药物登记及保存	（1）要求家长把药品用干净的袋子装好，袋子外面写好孩子的姓名，认真详细地填写“婴幼儿服药记录表”，并签字确认（可口述）（1 分） （2）药品、记录表一并存放在固定位置，而且是婴幼儿拿不到的地方（可口述）（1 分）	2 分	错、漏一项扣 1 分
2. 服药前准备	（1）保育员和准备服药的孩子遵循七步洗手法洗手（1 分） （2）准备温水，服药前要认真核对孩子姓名、药名、服用时间、服用剂量、服用方法（1 分）	2 分	错、漏一项扣 1 分
3. 协助服药	（1）和蔼地劝说孩子服药（1 分） （2）指导孩子掌握正确的服药方法。服药片或药丸时，要指导和帮助孩子把药片或药丸放在舌头中后部，然后喝一大口水，使药片或药丸随水迅速冲下（1 分） （3）中药丸如果比较大，应捏成小球状服用（1 分） （4）液体药物应用量杯服用。按规定的单次药量，把液体药物倒入量杯内，让孩子喝下，然后再喝下事先晾好的温开水，以便把药液全部冲下（1 分） （5）监督孩子服药，以免误服、漏服（1 分）	5 分	错、漏一项扣 1 分
4. 记录	孩子服药后，保育员要在服药记录表上签字（1 分）	1 分	无记录扣 1 分
合计		10 分	

【题目 8】纠正婴幼儿不良姿势

1. 考核目的

保育人员掌握纠正婴幼儿常见不良姿势的步骤与方法。

2. 评分项目及标准

评分项目	考核要点	配分	评分标准
1. 口述保持良好姿势的意义	（1）婴幼儿阶段是骨髓、肌肉及身体各器官和系统生长、发育的关键时期（0.5 分） （2）如果在这一阶段养成了不正确的姿势，不仅影响体态的美观，更会直接影响健康（0.5 分）	1 分	错、漏一项扣 0.5 分

续表

评分项目	考核要点	配分	评分标准
2. 演示正确的姿势	（1）正确的走姿：上体正直（0.5分）；双手在行进过程中自然地摆动（0.5分）；上、下肢动作协调（0.5分）；步伐均匀，有精神（0.5分） （2）正确的站姿：两肩水平，双臂自然下垂（0.5分）；上体保持平直（0.5分）；两脚自然分开（0.5分）；整个身体挺拔向上（0.5分） （3）正确的跑姿：上体稍向前倾（0.5分）；两手握拳，屈肘在体侧（0.5分）；能随身体的运动自然地前后摆动（0.5分）；跑步时用前脚掌着地，步伐均匀（0.5分） （4）正确的读写姿势：端坐于桌前（0.5分）；身体离桌子一拳远（0.5分），眼睛离书本一尺远（0.5分）；书写时，一只手握在离笔端半寸左右的距离上，另一只手自然地扶着书本（0.5分） （5）正确的坐姿：头端正，脚放平（0.5分）；身体直立、稳定不乱晃（0.5分）	9分	错、漏一处扣0.5分
3. 口述纠正不良姿势的程序	（1）示范（0.5分） （2）讲解要领（0.5分） （3）让孩子模仿（0.5分） （4）日常检查和提醒（0.5分）	2分	错、漏一项扣0.5分
4. 口述注意事项	（1）注意观察，及时纠正（0.5分） （2）掌握教育技巧，及时表扬，正面强化（0.5分）	1分	错、漏一项扣0.5分
合计		13分	

【题目9】与患病婴幼儿家长的交流与沟通

1. 考核要点

保育人员掌握与患病婴幼儿的家长进行交流与沟通的正确方法。

2. 评分项目及标准

评分项目	考核要点	配分	评分标准
1. 入园交流	（1）向家长了解孩子目前的身体状况，询问是否去医院进行诊治，是否为传染病（0.5分） （2）若为疑似传染病，向家长说明情况，请家长将孩子带回家中隔离治疗（0.5分） （3）了解孩子前一天晚上身体状况，以及病情的转归情况（0.5分） （4）了解孩子前一天晚上体温、精神状态、饮食、睡眠、大小便等情况是否正常（0.5分） （5）由保健医生为孩子进行晨检，根据晨检情况向家长进行反馈（1分） （6）了解孩子带药情况：现场查看所带药品，问清服药时间、服药方法、服药剂量（1分）；请家长在“服药登记表”逐一登记，并签名（1分） （7）了解是否有需要特殊交代的事宜（1分）	6分	错、漏一处扣相应分值

续表

评分项目	考核要点	配分	评分标准
2. 离园沟通	（1）交代孩子离园时的病情转归情况（1分） （2）交代孩子当天在园的情况：如当天的体温、精神状态、睡眠、饮食、大小便、室外活动及上课状态等整体情况（1分） （3）交代孩子的服药情况，剩余药品请家长带回（1分） （4）指导孩子回家后食疗：提醒家长在孩子患病期间应保持饮食清淡，保证水分的供给（1分） （5）交代第二天来园的注意事项：晨起时注意孩子的体温、精神状况，如病情加重应及时就诊（1分）；病情稳定或好转可继续来园，并注意着装、携带所需药品（1分）	6分	错、漏一处扣相应分值
合计		12分	